착한 교사 포기하기

착한 교사 포기하기

초판 1쇄 펴낸날 | 2025년 11월 5일

지은이 | 나세진
펴낸이 | 고성환
펴낸곳 | (사)한국방송통신대학교출판문화원
　　　　(03088)서울특별시 종로구 이화장길 54
　　　　전화 1644-1232
　　　　팩스 (02)741-4570
　　　　홈페이지 https://press.knou.ac.kr
　　　　출판등록 1982년 6월 7일 제1-491호

출판위원장 | 박지호
편집 | 장빛나
교정 | 이여름
편집디자인 | 티디디자인
표지디자인 | 김민정

ⓒ 나세진, 2025
ISBN 978-89-20-05466-2　03370

값 19,000원

- 잘못 만들어진 책은 바꾸어 드립니다.
- 이 책의 내용에 대한 무단 복제 및 전재를 금하며 지은이와 (사)한국방송통신대학교출판문화원의 허락 없이 어떤 방식으로든 2차적 저작물을 출판하거나 유포할 수 없습니다.

공교육을 지키기 위한 선생님들의 소신

착한 교사 포기하기

나세진 지음

지식의날개

| 작가의 말 |

나쁜 교사를 위한 변론

2023년, 스스로 생을 마감한 교사들의 안타까운 소식이 연이어 들려왔다. 특히 한 선생님은 마지막 장소로 교실을 택했다. 이 사실 앞에서 나는 할 말을 잃었다. 교실은 매일 아이들과 즐겁게 마주하는 공간, 교육자로서 자아가 실현되는 공간이었기 때문이다.

왜 이런 비극이 일어나는 걸까. 왜 선생님들은 하나둘 무너져 가면서도 목소리를 내지 못했을까. 아마도 '착한 교사'가 되어야 한다는 압박 때문이 아니었을까. 민원을 받지 않는 교사, 문제를 일으키지 않는 교사, 누구에게나 친절한 교사. 이런 교사상이야말로 좋은 선생이라는 시선 때문이 아니었을까.

교사에게 돌아오는 말은 '교육자라면 희생해야 한다'는 요구뿐이다. 부당한 민원에도 '참아야 한다', '좋은 게 좋은 거다'라는 식으로 넘기는 것이 관행이 되었고, 무리한 일을 거절하면 '사명감이 부족하다'는 낙인이 따라붙는다. 자기 권리를 주장하는 순간, 교사는 '교육자답지 못하다'는 평가, 즉 '나쁜 교사'의 '오명'을 감내해야 한다.

그래서 착한 선생님이 되기 위해서는 학생의 잘못을 단호히 지적하면 안 된다. 아동학대 신고를 각오해야 하기 때문이다. 또 아이들의 협동심과 이타심을 키우기 위한 수업도 시도해서는 안 된다. 사소한 갈등이라도 일어나면 학부모의 항의로 시끄러워질 것이 뻔하기 때문이다. 아이들의 진정한 성장을 위해 노력할수록 교사는 더 큰 위험에 노출된다. 선생님들은 이제 학생과 꼭 필요한 대화만 나누는 가장 안전한 선택을 한다.

이런 분위기 속에서 교사들은 점점 침묵한다. 헌신과 사명감이라는 이름 아래 교사의 기본권은 뒷전으로 밀려나고, 교사는 개인의 희생을 당연시하는 구조 속에 갇히게 된다. 결국 깊어지는 상처를 치유하지 못한 채 교단을 떠나는 선생님만 늘어난다. 남은 선생님들은 스스로 자신을 보호할 장치를 마련해야만 한다. 그렇게 피로감이 적

재되는 교육 현장에 방치된다.

과연 이것이 교육인가? 이것이 우리가 꿈꿔 온 학교인가?

교육이란 학생에게 때로는 불편한 과제를 주기도 하고 뼈아픈 피드백을 건네기도 하는 과정에서 이루어져야 한다. 결과보다 힘듦을 극복하는 여정을 통해 학생들은 성장한다. 그러나 이런 시도조차 위험으로 여겨진다면, 교실은 교육 공간이 아니라 관리 공간으로 변질된다. 뒤늦게 '공교육 정상화'라는 구호가 등장했지만, 정작 근본적인 질문은 외면되고 있다. 왜 교사들이 목소리를 잃었는지, 왜 공교육이 단순한 서비스업으로 전락했는지, 왜 교사에게만 무한한 헌신을 요구하는지에 대한 성찰이 빠져 있기 때문이다.

나는 더 이상 침묵하지 않기로 했다. 선생님들이 하지 못했던 이야기를 대신 하려 한다. 진짜 교사는 '나쁜 교사'가 될 용기를 품어야 한다고. 잘못을 반복하는 학생에게는 단호한 지도를, 학부모에게는 때론 불편한 진실을 전할 수 있어야 한다고. 아이들의 성장을 위해 갈등을 감수하고, 더디더라도 의미 있는 수업을 설계하며, 쉬운 길이 아니라 옳은 길을 선택해야 한다고.

이 책은 우리 주위에서 쉽게 볼 수 있지만 드러나지 않는 '나쁜 교사'를 위한 변론서다. 나는 무너진 공교육을 다시 세우려는 선생님들의 의지를 지지하기 위해 이 책을 썼다. 공교육이 살아야 우리의 미래가 있다는 믿음으로, 오늘도 묵묵히 자신의 길을 걷는 선생님들께 이 글을 바친다.

이 책이 나오기까지 많은 분의 도움이 있었다. 글을 쓰는 동안 묵묵히 육아를 맡아 준 아내, 언제나 믿어 주시는 든든한 부모님과 친형 부부 그리고 아낌없는 응원과 가감 없는 피드백을 주신 친인척과 지인들께 깊이 감사드린다.

나의 글은 처음에 교육 현장을 교육학적 지식으로 풀어낸 평범한 글에 불과했다. 책으로 태어나는 과정에서 더 큰 울림에 대해 생각해 보게 된 것은 장빛나 편집자님 덕분이다. 날카로운 분석과 깊이 있는 통찰, 세심한 언어 감각이 없었다면 지금의 모습으로 세상에 나올 수 없었다. 출간 기회를 주신 한국방송통신대학교 출판문화원에 진심으로 감사드린다. 평생교육과 고등교육의 문을 누구에게나 활짝 열어, 대한민국의 지식 민주화를 실천해 온 교육기관의 출판원에서 공교육에 대한 고민을 담은 이 책이 출간된 것은 결코 우연이 아니다.

나세진

| 프롤로그 |

교권 흔드는 사회

학생들이 계단에서 장난치는 일이 반복되어 꾸준히 안전 지도를 했음에도, 영수가 태호를 업고 계단에서 장난치는 모습을 보고 반사적으로 큰소리를 낸 일이 있었다. 아이는 집에 돌아가 '선생님이 소리를 질렀다'라고 이야기했고, 학부모에게 연락이 왔다. 다행히 오해를 풀 수 있었고, 이후에는 학부모와의 협력이 잘 이뤄졌다.

그러나 늘 마음에 남는 건 '만약'이다. 만약 아이들이 계단에서 크게 다쳤다면, 이야기는 확연히 달라졌을지 모른다. 사고는 교실·복도·운동장 어디서든 예고 없이 다가온다. 가위나 조각칼 같은 도구는 아이들에게 언제나 위험한 도구이다. 교사가 아무리 안전 교육을 해도 모든 상황을 통제할 수는 없다. 그런데도 사고의 책임은 온전히 교사가 져야 하는 현실을 마주하게 된다.

이 지점에서 故 이영승 선생님이 떠오른다. 2016년 수업 중 학생이 페트병을 자르다 손을 다쳤고, 학부모는 공제회 지원 외에도 추가 치료비를 요구했다. 사건 후 학교를 휴직하고 군 복무를 하던 선생님은 휴가를 나와 학부모를 만나야 했고, 사비로 여덟 차례나 치료비를 부담했다. 전역 후 복직한 학교에서도 극심한 스트레스에 시달리던 선생님은 끝내 세상을 떠났다. 교권 침해가 사회적 쟁점으로 부각되어서야 일련의 사건들이 조명되었고, 선생님은 비로소 순직으로 인정받을 수 있었다.

나는 여기서 '선생님'이라는 호칭의 의미를 다시 생각한다. 의사에게 '선생님'이라 부르는 이유가 인술仁術 곧 환자의 상처와 마음을 함께 돌보는 태도에 있듯이, 교사에게 '선생님'이라 부르는 것 또한 지식만을 전달해서가 아니다. 학생의 성장을 진심으로 바라는 마음, 따뜻한 사랑을 행동으로 실천하는 품성을 갖춰야 하기에 붙여진 이름일 것이다. 그렇기에 교사에게 높은 도덕성과 전문성을 요구하는 것은 당연하다.

하지만 문제는 '착한 교사'라는 왜곡된 기대다. 아이들은 혼내지 않는 교사를 착한 선생님이라 하고, 학부모에게 착한 교사는 곧 '우리 아이에게 불이익을 주지 않는 교사'다. 학생을 훈육하거나 불편한 진실을 말할 때 교사는 쉽게 '나쁜 교사'가 된다. 결국 교사의 도덕성과 전문성보다 '나에게 이로운가'가 판단 기준이 되는 순간 교권은 흔들린다. 실제로 서이초등학교 사건 1년

후 실시된 설문조사에서 교사 절반 이상이 '무고한 아동학대 신고에 대한 두려움'을 가장 큰 교권 붕괴의 이유로 꼽았다.

오늘날의 교육은 손쉽게 '공급자-수요자' 관계로 설명되는 듯하다. 어떤 이들은 학부모의 요구를 '고객의 목소리'처럼 무조건 수용하라고 주장한다. 그러나 나는 여기에 전혀 동의할 수 없다. 공교육은 공익의 가치 실현을 목적으로 둔다. 공교육의 본질은 '나에게 이로운가'라는 판단에서 나오는 것이 아니다. 교사를 흔드는 사회에서 교사에게 제대로 된 교육을 기대하는 것은 커다란 모순이다.

공교육의 본질은 무엇인가? 그것은 어떤 배경 속에서 무너져 왔는가? 우리는 어떻게 그것을 지켜 낼 수 있는가? 교사에게 요구되는 전문성은 무엇을 의미하는가? 이에 대해 우리는 제대로 대답한 적이 있던가? 이 질문을 염두에 두고 책을 읽다 보면, 우리의 교육 현실에 대해 다시 생각해 볼 수 있을 것이다. 그 후엔 이 모든 질문이 결국 하나의 의문으로 수렴된다는 것을 알게 될 것이다. '교권 흔드는 사회는 누가 만들었는가?'

※ 이 책에 나오는 학생 이름은 모두 가명임.

| 차례 |

작가의 말 4
프롤로그 9

I _ 착한 교사 양육하는 사회

1. 착한 선생님의 죽음과 무임승차   16
2. 왕의 DNA를 가진 아이   33
3. 학력 + 학벌주의와 교권 붕괴   47
4. 갑질 사회의 공교육 서비스   62
5. 나는 착한 교사가 되길 포기한다   70

II _ 나쁜 교사의 고민

6. 착한 교사로 길들이는 교원평가   86
7. 구성주의 교육과 주간학습안내   97
8. 리바이어던과 교육자   111
9. 지식이냐 경험이냐   123
10. 인공지능 시대의 교사   133

III _ 나쁜 교사의 교육법

11. 각자의 재능 영역 키워 주기   148
12. 딜레마 토론과 실천적 도덕 교육   157
13. 세상에 뚱딴지같은 질문은 없다   174
14. 즐거우면 몰입한다   184
15. 인공지능으로 인간지능을 키운다   199

IV _ 나쁜 교사의 스승

16. 가능성을 확장하는 교육자의 심안:
    홀름보에와 나의 수학 선생님   214
17. 가장 약한 이를 품은 사랑의 전인교육:
    이태석과 페스탈로치   224
18. 사회를 스스로 바라보도록 하는 교육:
    율곡 이이와 프레이리   238
19. 장애인과 세상을 이어 준 교육자:
    몬테소리와 박두성   252
20. 나쁜 교사가 공교육을 지킨다   266

주석   278

1. 착한 선생님의 죽음과 무임승차
2. 왕의 DNA를 가진 아이
3. 학력+학벌주의와 교권 붕괴
4. 갑질 사회의 공교육 서비스
5. 나는 착한 교사가 되길 포기한다

I

착한 교사 양육하는 사회

1
착한 선생님의 죽음과 무임승차

봇물 터진 비극

2023년의 7월은 너무나 숙연했고, 너무나 뜨거웠다. 서울특별시 서초구에 있는 서이초등학교에서 2년 차 선생님이 7월 18일 돌아가셨다. 그 비극적인 일이 일어난 장소는 다름 아닌 선생님의 첫 부임지였다. 교사에게 첫 학교는 특별한 곳이다. 강렬한 설렘과 열정이 가장 가득한 공간이기 때문이다. 그런 곳을 죽음의 장소로 스스로 정한 선생님의 심경은 어땠을까.

어릴 적 친구들과 주고받던 학교 괴담엔 언제나 '죽음'이 그림자처럼 드리워져 있었다. 입시의 무게를 이기지 못한 학생의 비극이나 야간 자율학습 중 벌어진 끔찍한 사건들은 소문처럼 교실을 떠돌았다. 그땐 단순한 공포 이야기라 여겼지만, 지금 생각해 보면 그 안엔 사회가 강요한 침묵과 불안이 고스란히 담겨 있었다. 그리고 이제는 '교사'의 죽음마저 괴담의 일부가 되어도 이상하지 않을 세상 앞에서, 가슴 한편에 덩어리진 무언가가 무겁게 남아 있다.

서이초 사건에 대한 경찰 수사는 무혐의로 종결되었다. 이유는 "사망 동기로 제기된 학부모의 지속적 괴롭힘이나 폭행, 협박, 강요 등의 정황이나 범죄 혐의점으로 볼 수 있는 내용을 발견할 수 없다"는 것이었다.[1] 최종적으로 경찰은 선생님의 사망 경위를 다음과 같이 종합했다.

"지난해 서이초에 부임한 후 학교 관련 스트레스를 경험해 오던 중 올해 반 아이들 지도 문제, 학부모 관련 문제, 학교 업무 관련 문제 등과 개인 신상 등의 문제가 복합적으로 작용한 것으로 판단된다."[2]

죽음에 이른 정확한 원인을 수사로는 밝혀내지 못했지만, 선생님을 서서히 무너뜨린 건 눈에 보이지 않는 복합적인 고통이었다. 선생님은 그렇게 홀로 떠났고, 그 길을 만든 책임은 어느 누구도 지지 않았다. 그 죽음을 두고 '자살'이라는 말을 쉽게 꺼내기 어려운 이유도 여기에 있다. 이 단어 속엔 스스로의 의지가 담겼다는 전제가 깔려 있기 때문이다. 물론 마지막 발걸음은 선생님의 판단일 수 있겠으나, 보이지 않는 무수한 압박과 고독이 짜 놓은 절벽 끝으로 떠밀려 간 끝에 하게 된 선택이었을 것이다. 그렇기에 이 죽음을 사회적 '타살'이라 여겨도 어색하지 않다.

서이초 사건이 세상에 알려지자 초등교사들은 서로의 슬픔을 나누기 위해 조용히 검은 리본을 SNS 프로필 사진으로 올리기 시작했다. 이는 단순한 애도의 표시를 넘어 깨진 교권에 대한 분노와 비탄의 상징이었다. 검은 리본에는 동료의 죽음을 헛되이 하지 않겠다는 무언의 결심이 담겨 있었고, 무너져 가는 공교육을 바로 세우겠다는 간절한 바람도 깃들어 있었다. 교사들은 하나같이 결연한 마음으로 리본을 걸며 각자의 뜻을 속삭였다.

추모의 분위기로 가득한 시기 한 학부모가 선생님에게 보낸 글이 블라인드라는 인터넷 사이트에 게시되어 일파만파 퍼져 나갔다. 정중한 말투로 선생님에게 부탁하는 글이지만, 내용은 '선생님의 프로필 사진이 학생들에게 부정적인 영향을 미치며, 아직 사실관계가 판명 나지 않은 일로 추모를 드러내는 행동은 자제해 달라'는 것이었다.

익명의 게시판이라는 특성상 글의 진위를 무턱대고 받아들이는 것은 위험하다. 그러나 그 글을 정말 학부모가 쓴 것이라면, 그 내용에 대해서 더 큰 서글픔이 밀려온다. 사실관계가 아직 명확하지 않음에는 동의하지만, 나는 그 글을 읽으며 2년 차 교사의 죽음 앞에서도 '내 자식'의 감정을 우선해야 한다는 메아리를 들었다.

차가운 글자 사이사이에 교사의 죽음에 대한 공감은 어디에도 보이지 않았고, 오히려 '착한 교사'를 강요하는 익숙한 무심함만이 배어 있었다. '나, 내 자식, 내 것'. 이 단어들 속엔 오로지 자신이 소중히 여기는 것들만이 빛을 내고, 타인에 대한 공감과 배려의 자리는 철저히 공백으로 남아 있었다.

서이초 사건을 계기로 그동안 감춰져 있던 교사들의 죽음과 교권 침해의 고통이 봇물 터지듯 하나둘 드러나기 시작했다. 의정부 호원초등학교의 故 이영승, 김은지 선생님의 비극적인 죽음과 교육부 사무관의 갑질 사건까지, 수면 아래에 잠겨 있던 무수한 이야기들이 비로소 세상과 만나게 되었다.

그동안 침묵 속에서 고통을 삼켜 온 대한민국의 교사, 아이들과 교육의 미래를 위해 힘써 온 학부모 그리고 내 일이 아니라 해도 중요한 사회적 아픔에 공감하는 시민까지. 이들은 마침내 하나의 목소리로 '들끓기' 시작했다.

통痛해야 통通하다니

서이초등학교의 비극 이후 초등교사들의 온라인 커뮤니티 인디스쿨은 슬픔과 분노의 기록장이 되었다. 연일 올라오는 글 속엔 무너진 교권, 끝없는 무력감 그리고 더는 침묵할 수 없다는 절박함이 뒤엉켜 있었다.

그중에서도 '진심이 통^痛하는 시대'라는 글은 오래도록 마음에 남았다. 한 교사는 "소신을 굽히지 않고 진심으로 교육하는 자만이 통^痛한다"며 교육 현실을 드러냈다. 교육을 수단으로 소비하는 정치인, 존중 없는 사회, 사건을 축소하는 데만 골몰하는 관리자 그리고 더는 상처받지 않기 위해 진심으로 가르치지 못하는 교사들. 선생님의 글은 더 이상 진심을 학교 현장에 남기지 않기로 한 결심이었다. 그 문장들은 묵직한 돌처럼 가슴을 내리눌렀다.

그러나 절망만이 전부는 아니었다. "우리 함께 뭐라도 해요"라는 누군가의 떨리는 외침은 이내 물결이 되었고, 추모와 연대의 마음이 모여들었다. 근조 화환, 교사노조 가입, 생활지도 규정 개선, 서이초 사건의 본질 짚기, 사건 공론화까지 현장의 목소리는 거침없이 터져 나왔다. 의견은 서로 조금씩 달랐지만, '교권 회복'과 '공교육 정상화'라는 하나의 지향점으로 모였다. 결국 교육 당국도 교사들의 단호한 목소리를 감지했고, 긴급히 의견 청취 자리를 마련했다.

그 실천의 출발선에 선 것이 집회였다. 흥미로웠던 것은 정치적 기치 없이 순수한 교육의 외침으로만 채우자는 합의가 자발적으로 형성되었다는 점이다. 정치는 대중을 이끄는 가장 강력한 언어일지 모른다. 그러나 이 땅에선 정치라는 '프레임'이 가장 순수한 외침마저 오염시킬 가능성이 있다. 그래서 교사들은 정치적 색을 지우고, 오직 '교사'로서의 목소리만을 남겼다.

이 절제된 결단은 전국의 교사들에게 깊은 울림과 연대를 불러일으켰다.

나 역시 매일같이 동료들과 사건을 이야기했다. 교사들은 함께 타오르며 공교육 정상화를 외쳤다. 당시 근무했던 학교는 신설 대체 이전으로 챙겨야 할 업무가 꽤 많았음에도 모든 선생님은 교육자로서 한목소리를 냈다. 나는 선생님들의 고단한 뒷모습에서 존경을 배웠다.

그리고 마침내 검은 물결이 거리를 메웠다. 2023년 9월 2일 30만 교사가 국회의사당 앞 대로를 가득 채운 그날, 뜨거운 햇볕 아래 검은 옷자락들이 일렁였다. 그 흐름은 슬픔이었고, 분노였으며, 공교육을 지키고자 하는 결의였다. 그날의 무게는 글로도 영상으로도 다 담을 수 없다.

많은 교사가 검은 점으로 거리를 메운 그날 한 선생님이 외쳤다. "9월 4일, 안전망이 사라진 교실에서 희생된 서이초 선생님의 49재 날, 모든 아이들이 안전할 수 있도록 공교육 멈춤, 공교육 정상화의 날에 함께해 주십시오. 감사합니다."

9월 4일 공교육 멈춤의 날

2023년 8월 17일. 9·4 서이초 추모 집회 운영팀은 성명을 발표했다. "9월 4일까지 교권 보호를 위한 법 개정이 이뤄지지 않으면, 우리는 집단 연가를 내고 국회 앞에 서겠다"고 밝혔다. 돌아가신 선생님의 49재가 되는 9월 4일은 '공교육 멈춤의 날'로 이름 붙여졌다.³ 교사들은 인디스쿨을 중심으로 하나둘 마음을 모았고, 일부 학교는 내부 논의 끝에 이날을 재량휴업일로 결정했다.

하지만 교육 현장 내부의 논쟁은 뜨거웠다. 정식 휴업일로 추모에 참여하는 것이 옳은가, 아니면 개인 연가나 병가로 소신을 드러내야 하는가. 교사들은 온라인과 회의실에서 치열하게 고민했고, 그 고민은 단순한 행정 판단이 아닌 교사로서의 생존과 정체성, 두려움과 정의 사이의 외줄다기였다.

교장 선생님의 주재로 우리 학교 교사들 역시 긴급회의에 모였다. 무거운 침묵 속, 나는 '드디어 올 것이 왔구나' 하는 생각으로 회의실에 들어섰다. 회의는 마치 한 편의 시처럼, 각자의 진심이 차곡차곡 쌓여 가는 과정이었다. 결국 우리는 9월 4일을 재량휴업일로 지정하고, 교사 전체가 한마음으로 추모에 참여하기로 뜻을 모았다.

물론 이 결정은 간단치 않았다. 정규 수업일에 연가나 병가를 통해 목소리를 내는 것이 더 강력한 표현일 수도 있었다. 그것은 노동자가 자신의 자리를 비우는 것으로 의지를 표명하듯 교사로서 가장 절박한 방식의 외침이기 때문이다.

국가공무원법 제66조 1항을 적용한다면, 교사들이 정상 수업일에 대규모로 연가나 병가를 사용할 경우 교육부는 이를 '불법 파업'으로 간주할 수 있다. 이 사실은 마치 칼날 같은 위협이 되어 정의로운 마음으로 연가와 병가를 사용하기로 한 선생님들의 생계에 그림자를 드리웠다. 징계로 인해 교직이라는 길에서 누릴 수 있는 명예가 무너질 수도 있다는 두려움이 동료들의 입을 다물게 만들었다.

불안감 속에서 참여율은 서서히 사그라드는 듯 보였다. 희망과 결의로 뭉쳤던 우리 교사들의 마음이 세상의 눈초리와 비난의 바람에 휘둘리며 조금씩 고개 숙이는 모습을 보며, 우리는 혼란과 갈등 속에서 서로를 바라보았다. 도대체 우리는 어떤 길을 선택해야 할까. 그렇게 진통 끝에 택한 결론이 바로 재량휴업이었던 것이다.

그 결정엔 타협이 아니라 절절한 염원이 담겨 있었다. 함께 모여 조용히 고개 숙이고, 목소리를 모으며, 비난의 화살을 피해 나가되 우리의 뜻만큼은 지키고자 했다. 우리는 학교가 발신하는 가정통신문 한 줄 한 줄에 진심을 담았고, 학교 공동체 전체가 함께 교권 회복의 울림을 만들 수 있게 애썼다.

비록 파업은 아니었지만, 이날의 재량휴업은 우리에게 용기를 주었다. 당당하게 그러나 조심스럽게 교사들이 모여 만든 그 하루는 단지 쉬는 날이 아니었다. 우리가 침묵 대신 선택한 저항의 형식이었다. 또한 '학생을 볼모로 잡는다'는 비난의 화살도 피하면서 사회적인 공감대를 얻을 수 있는 방식이었다.

작은 학습권 VS 큰 학습권

그러던 어느 날 교사들의 움직임을 미리 감지한 교육부에서 공문을 발송하였고 이를 시발점으로 우리는 다시 가열되기 시작했다. 8월 말 공교육 멈춤의 날과 관련하여 학교의 재량휴업 또는 교원의 집단 연가 사용은 허용할 수 없다는 내용의 공문을 받았다. 그리고 이에 항의하는 교사들의 움직임에 쐐기를 박듯 '질의응답'이란 형식으로 한 차례 공문이 더 왔다.

집회에 대한 징계 경고와 교사 내부의 이견으로 기존 집회 운영팀은 예정된 집회를 취소하겠다고 발표하였다. 추모 집회가 사라지자, 많은 학교에서 재량휴업일을 지정할 근거가 없어졌다는 이유로 재량휴업 지정을 철회하는 일도 벌어졌다. 우리 학교 역시 마찬가지였다. 심상치 않은 제목의 공문을 설마 하는 마음으로 확인했던 때의 생생함은 잊을 수 없다. 그 설마는 우려에 대한 현실로 확인되었고, 마음 한구석에서 꼭뒤까지 분노가 치밀어 올랐다. 교육부 장관의 관인이 찍힌 공문에서는 공교육 멈춤의 날에 출근하지 않는다면 엄벌도 마다하지 않겠다는 확고부동한 의지를 읽을 수 있었다. 재량휴업일 지정은 학교장의 재량에 달려 있음에도 교육부가 이를 금지하는 것은 법적으로도 명백한 월권행위인데도 말이다.

우리는 일련의 행동 모두를 불법이라 명백히 규정하며, 교사들이 진정으로 무엇을 바라는지 전혀 모르고 있는 교육부 장관의 결정을 재차 확인할 수 있었다. 더 나아가 학교에서 가장 큰 영향력을 행사할 수 있는 관리자인 교장, 교감선생님을 압박하여 공교육 멈춤의 날에 대한 교사들의 의지를 한풀 꺾으려는 의도도 읽을 수 있었다.

교장, 교감선생님도 한때 교단에 서서 아이들과 웃고 울던 교사였다. 직위가 다를 뿐 그들 또한 교육의 이름 아래 묶인 '교원'이다. 공교육 정상화를 위한 교권 확립은 교사와 관리자가 함께 나서야 할 과제다. 그러나 교육부는 관리자를 압박해 교사와의 대립 구도를 만들었다. 인디스쿨에 올라온 글에 따르면 어떤 학교의 관리자는 본인에게 떨어지는 불이익을 생각하여 교사들에게 연가나 병가 모두 승인할 수 없다고 강경하게 말했다고 한다. 교육부의 전략이 현장에 잘 먹혀든 것이다.

또한 교육부는 학습권을 앞세워 교사들의 집단행동에 법과 원칙으로 엄정히 대응하겠다고 선언했다. 이 말은 마치 고통에 몸부림치는 교사들을 향해 또 하나의 돌을 던지는 듯했다. 교사들은 줄곧 학습권을 지키기 위한 제도적 장치를 요구해 왔고, 생활지도라는 고된 길 위에서 상처받아 왔다. 서이초 사건과 공교육 멈춤의 날은 오래 누적된 상처가 터진 결과였다.

'엄정 대응'이라는 단어에서 나는 씁쓸한 웃음을 삼켜야 했다. 교사의 고통에 귀 기울이기보다 겁박과 위협으로 침묵을 유도하는 태도는 교육의 본질을 배반한다. 진심으로 교육을 걱정한다면 고인을 기억하는 그 하루를 학생과 교사, 학부모 모두가 함께하는 성찰의 시간으로 만들어야 한다. 그러나 교육부는 그날 단 하루의 학습권만을 들춰내며, 갈등의 실체를 마주하기보다 또 다른 명분을 앞세우는 방식으로 외면했다.

특히 학부모의 불편을 최소화하라는 교육부의 당부는 교사들의 마음을 더욱 허탈하게 만들었다. 일부 악성 민원이 교사의 죽음을 불렀다는 현실을 외면한 채 학부모의 입장만 고려하는 발언은 문제를 해결하고자 하는 진정성을 보여 주지 못했다. 오히려 교육 공동체의 슬픔만 깊게 할 뿐이었다.

학생의 학습권이 소중하다는 것을 부정하는 교사는 없다. 다만 평소 학급에서 반복적으로 학습권을 침해받는 선량한 다수의 권리를 외면하는 일은 정당하지 않다. 나는 공교육을 단 하루 멈추는 그날의 학습권을 '작은 학습권'이라 부르고자 한다. 교사들이 소신껏 지도할 수 없는 환경에서 어떤 문제가 또 터질지 외줄을 타는 조마조마한 심정으로 수업이 이루어지는 교실. 작은 학습권은 그곳에서 볼 수 있는 학습권이다.

그날의 작은 학습권을 지키기 위해 곪아 터진 문제에 목소리를 내지 않는다면, 악성 민원과 생활지도의 어려움으로 인한 교육의 질 저하는 불을 보듯 뻔하다. 이는 더 깊고 오래 이어져야 하는 '큰 학습권'을 지킬 수 없는 결과로 이어진다. 큰 학습권을 위해 목소리를 내는 일, 그것이 우리가 포기하지 말아야 할 교육의 본질을 지키는 일이다.

무임승차와 시민 불복종

조심스러운 망설임과 불안은 쉽게 떨칠 수 없었다. 특히 자녀와 배우자의 생계를 함께 짊어진 교사의 입장에서는 더욱 그럴 것이다. '혹시 중징계를 당하면 어쩌나, 승진을 준비해 온 시간이 물거품이 되면 어쩌나' 하는 생각들은 결코 가벼운 고민이 아니다. 공교육 멈춤의 날은 목소리를 내기 이전에 모두가 숙고해야 할 두려움이었다.

인디스쿨에도 관련된 글들이 쏟아졌다. 집회에 참여하지 않는 교사를 '무임승차'라 비판하는 글도 있었고, 그런 표현은 불편하다는 이들도 있었다. 교내에서 동료 교사 간 언쟁이 벌어졌다는 사례도 있었다. 한 장의 공문이 교사들 사이의 온도 차를 드러내고, 분열의 불씨가 되었다.

"허리가 더 아파져 학교에 못 가겠어." 공교육 멈춤의 날 당일 자신 없는 목소리로 조심스럽게 아내에게 말했다. 그러자 아내는 단호하게 말했다. "옳다고 믿는다면 따지지 말고 해!" 그의 말은 머뭇거리는 내 발언에 대한 일침이었다. 창피함과 부끄러움이 일었다. 《시민의 불복종》을 쓴 헨리 데이비드 소로가 떠올랐다. 교사로 일하던 그는 부당한 체벌 명령을 거부해 사직서를 냈고, 흑인 노예제도와 멕시코 전쟁의 부당함에 항의하는 뜻으로 인두세 납부를 거부해 옥에 갇히기도 했다.[4] 그가 오늘날까지 울림을 주는 이유는 지성의 실천에 있다. '소로처럼 용기를 내 보자'며, 나는 흔들리지 않겠다고 마음을 다시 잡았다.

교사의 죽음을 기리는 공교육 멈춤이 공공의 불편으로 여겨진다면, 그 불편을 서로 배려하는 사회야말로 진정 건강한 사회일 것이다. 부당 해고에 맞서 거리로 나선 노동자의 파업처럼 그 울분이 정의롭다면 잠시의 교통 체증과 외침 소리는 이해할 수 있어야 한다. 사회적 변화는 언제나 불편함을 동반하지만, 그 불편함을 귀찮음으로만 받아들일 때 우리는 공존의 의미를 잃게 된다.

다행히도 내가 맡은 반의 학부모 중에는 공교육 멈춤을 지지하며 연대의 뜻을 전한 분들이 있었다. 한 학부모는 감동적인 응원의 메시지를 보내 왔고, 학생들 또한 조심스레 지지의 말을 건넸다. 그것은 소신의 외침에 대한 따뜻한 화답이었다.

후일 교육부 장관은 그날 제출된 수많은 학교장 허가 교외 체험학습 신청서의 의미를 짚어 보았을까. 그것은 단순한 결석이 아니라 교사와 학부모, 학생이 함께 만든 작은 용기였다. 교육 정책을 내놓는 고위 공무원은 우리의 목소리를 대립으로 치부하지 말고, 그 안에 담긴 공감과 연대의 의미를 진지하게 들어 주었으면 한다.

교권 보호 4법 개정과 학교 현장

흩어져 있던 교사들이 검은 점으로 뭉친 힘은 깊은 인상을 남겼다. 이 결집은 일회성이 아닌 '함께'라는 인식으로 이어졌고, 그 성과는 2023년 9월 교권 보호 4법 개정이라는 결실을 맺게 되었다. 이는 교권 침해가 일부 교사의 문제가 아닌, 우리 모두의 문제임을 일깨운 계기였다.

교권 보호 4법이란 교권 보호와 회복을 위한 교육 관련 법률[5]로서, 자세히는 교육기본법, 초·중등교육법, 교원지위법(교원의 지위 향상 및 교육 활동 보호를 위한 특별법의 약칭), 유아교육법을 일컫는다.

교육기본법은 헌법상 교육 기본권을 실현하기 위하여 교육의 기본 방침과 내용, 교육행정의 조직, 교육기관 및 그 감독 등에 관한 제도를 규정한 법률로서 헌법 다음가는 교육법의 근간 역할을 한다. 즉, 모든 교육 법률의 이념적·구조적 기반을 제공하는 최상위 기본법이다.

초·중등교육법과 유아교육법은 교육 운영 전반의 기준을 제시하는 법으로, 교육기본법에서 다진 틀을 각각 초·중등교육과 유아교육에 관한 내용으로 구체화하는 실무 중심의 교육법이다. 교원지위법은 교원에 대한 예우 및 처분, 신분보장 강화 등을 목적으로 제정된 법[6]으로, 교권 보호와 교권 침해에 관한 내용이 가장 구체적으로 규정되어 있다.

교권 보호 4법 개정은 단순히 네 개의 법이 따로 개정된 것이 아니라 상호 보완적 관계 속에서 교사의 교육 활동 전반을 구조적으로 보호하려는 통합적 조치라 할 수 있다. 교육기본법은 원칙과 철학을 제시하고, 교원지위법은 교원의 권리 보호를 위한 실질적 틀을 제공하며, 초·중등교육법과 유아교육법은 이를 학교급별로 구체화한 구조를 띤다. 서로 단절된 법이 아닌 하나의 보호체로 작용하는 것이다.

하지만 이 법이 존재했음에도 교육 현장과의 괴리가 발생한 이유는 교사의 권한이 명확히 법에 규정되지 않았기 때문이다. 교사가 학생 생활지도를 정당하게 했을 때도 민원이나 신고로 번지는 경우가 많았고, 그에 따른 징계성 조치 또한 내려질 수 있었다. 또한 제대로 된 보호 장치가 부재하여 교사들은 악의적인 민원에도 아무런 시원 없이 혼자 싸워야 했다. 따라서 이번 개정은 법과 현장의 괴리를 줄이기 위하여 부족한 부분을 보완하는 방향으로 진행되었다.

신설된 초·중등교육법 제18조 5항은 보호자가 교직원이나 학생의 인권을 존중하며 교육 활동에 협조해야 한다는 의무를 명시하고, 개정된 제20조는 학교장이 민원 처리에 대한 책임을 지도록 하고 있다. 이러한 변화 속에서 특히 주목할 만한 점은 "교원의 정당한 학생 생활지도는 아동복지법상 금지 행위 위반으로 보지 않는다"는 조항이다.

이와 관련한 아동복지법 제17조의 규정은 신체적, 정서적 학대와 방임을 명확히 정의하고 있지만, 이로 인해 교사의 교육 방식이 위축되는 현실이 여전히 문제로 남아 있었다. 정서적 학대란 단순한 신체적 폭력을 넘어 언어적 모욕이나 심리적 가혹 행위를 포함하는 개념인데, 교사는 학생에게 단순 주의를 줄 때조차 그 의도를 오해받을 수 있는 경계선으로 떠밀리게 된다. 생활지도의 방법으로 잠시 분리의 시간을 주거나 성찰의 글을 쓰게 하는 것이 정말로 학대에 해당하는지 사회 구성원 모두가 깊이 고민해야 한다.

공교육 정상화를 위한 교사들의 헌신적 노력으로 교권 보호 4법이 개정된 것은 분명 의미 있는 성과다. 우리는 그 노고에 감사하며 동시에 '나도 무엇을 할 수 있을까'라는 질문을 스스로에게 던져야 한다. 그러나 실제 교육 현장에서 그 변화가 체감되고 있을까?

교사노동조합연맹이 발표한 2024 스승의날 기념 전국 교원 인식 설문 조사에 따르면 교사 78.0%가 법 개정 이후 근무 여건이 나아지지 않았다고 답했고, 긍정 응답은 고작 4.1%에 불과했다. 게다가 최근 1년간 학생 또는 보호자에게 교권 침해를 당했다고 응답한 비율도 각각 57%, 53.7%에 이른다. 이러한 수치는 법적 보호 장치가 현실에서 작동하지 않고 있음을 여실히 드러낸다.[7]

더욱 안타까운 것은 교사들의 주장에 대한 오해가 공공연히 일어난다는 것이다. 종종 '예전처럼 아이들 때리자는 거냐?', '왜 교사만 아동학대에 대해 처벌을 받지 않으려 하냐?'는 식의 질문을 받는다. 대부분의 교사는 단연코 체벌을 주장하지 않으며, 교직을 아동학대에 대한 성역이라 생각하지 않는다.

교사의 정당한 지도가 아동학대로 간주되는 현실, 오해와 압력 속에서 위축되는 현실은 결국 '착한 교사'를 양성하는 사회로 이어진다. 교사는 아동학대라는 범죄로부터 면책받으려는 것이 아니라 정당한 교육 행위가 무분별하게 오해받지 않기를 바랄 뿐이다. 교사의 권리는 학생의 권리와 상생해야 하며, 그것은 민주 시민을 길러 내는 교육의 필수 조건이다.

공교육 정상화란 교사는 교육 전문성을 바탕으로 학생을 정당하게 지도하고, 학생은 학습권을 보장받으며, 학부모는 교육 공동체의 일원으로서 교사에 대한 신뢰를 바탕으로 교육에 참여하여 교육 본연의 질서를 회복하는 것이다. 법을 개정한다고 해서 모든 문제가 해결되는 것은 아니다. 법률은 우리가 함께 살아가기 위한 최소한의 장치일 뿐이기 때문이다.

결국 세상이 변하는 데 중요한 것은 사람의 인식과 태도다. 교사를 동료 시민이자 교육 전문가로 바라보는 시선, 학생을 교사보다 낮은 존재가 아니라 존중과 신뢰의 대상으로 바라보고 관계를 맺으려는 노력 등이 필요하다.

법이 현장에서 살아 숨 쉬기 위해서는 각자의 권리를 주장하기 전에 서로를 존중하려는 마음이 먼저여야 한다. 그래야 존중을 바탕으로 공동체 전체를 생각하는 성숙함이 피어나고, 비로소 교육이 정상화되어 학교는 긴장된 공간이 아닌 모두가 행복을 누리는 공간으로 자리 잡을 것이다.

2
왕의 DNA를 가진 아이

교육부 사무관도 학부모

서이초등학교 사건을 기점으로 교권 침해 사례들이 잇따라 드러나기 시작했다. 과거에 묻혀 있던 사건들까지 수면 위로 떠오르며 교육 현장의 그늘이 다시 조명되었다. 그중 특히 강한 인상을 남긴 사건은 "왕의 DNA를 가진 아이"라는 표현으로 알려진 학부모 민원이다.

2022년 세종시의 한 학부모는 교육부 소속 사무관이라는 지위를 이용하여 공직자 통합 메일로 담임교사를 압박했다. 그는 반복적으로 부당한 악성 민원을 제기했고, 끝내 아동학대 혐의로 담임교사를 신고했다. 그 학부모는 담임교사에 대한 직위해제가 내려지지 않을 시 언론에 사건을 유포하겠다는 말도 덧붙였다. 세종시교육청은 곧바로 해당 교사에게 직위해제 조처를 내렸다.

그 학부모는 직위해제 기간 빈자리를 지킨 후임 교사에게 국민신문고를 통해 전임 교사를 신고했던 내용을 이메일로 전송했다. 또한 '왕자에게 말하듯이 듣기 좋게 돌려서 이야기해도 다 알아듣는다'면서 자신의 자녀를 "왕의 DNA를 가진 아이"라 묘사하며 특별 대우를 요구하는 듯한 문구를 담아 이메일을 보내기도 했다.

검찰의 수사 끝에 직위해제를 당한 교사는 혐의 없음으로 결론 났지만, 억울함을 벗기까지는 대략 8개월이 걸렸다. 학교에서 열린 교권보호위원회에서는 해당 학부모의 행동을 명백한 교권 침해로 판단하여 서면 사과와 재발 방지 서약을 요구하는 처분을 내렸다. 그러나 이 학부모는 처분을 이행하지 않고 무시하다가 사건이 언론에 알려지자 그제서야 사과문을 올렸다.

사과문 속 자녀에 대한 사연은 분명 안타까운 면이 있다. 발달이 늦고, 또래와 관계 맺기에 어려움을 겪는 경계선 지능 아동을 둔 부모의 고통은 겪어 보지 않으면 알 수 없다. 매일 닳아가는 마음으로 아이를 돌보는 그들의 삶은 외롭고 고단하다. ADHD나 경계선 지능을 가진 학생들이 보다 잘 적응할 수 있도록 돕는 것은 교육 공동체의 몫이며, 국가는 마땅히 부모의 정신적·경제적 고통을 함께 짊어져야 한다.

하지만 학부모의 그 고통이 선을 넘어 타인에게 해를 입히는 이유가 될 수는 없다. 학부모는 자녀를 지킨다는 명분으로 교사를 무너뜨렸다. '선생님을 존경해 왔다'는 말이 사과문에 들어 있지만, 과연 존경하는 이를 상대로 그런 행동이 가능했을까. 직위해제로 몸과 마음이 무너진 교사는 사실 여부도 확인되지 않은 상황에서 사람들이 던지는 무수한 돌에 맞아야 했다.

다, 나, 까 소통

언론에 공개된 학부모의 편지글을 내가 받았다고 가정하며 읽었다. '~니다'라는 어미는 설명이라기보다 명령에 가까웠고, "절대 하지 않습니다, 칭찬은 과장해서 사과는 자주, 진지하게 합니다" 같은 문장은 단순한 사실 전달을 넘어 일방적인 당위를 강요하는 듯한 위압감을 자아냈다. 이는 '개미는 곤충입니다' 같은 평범한 사실 진술과는 전혀 다른 느낌을 주며, 명령과 복종의 공간인 군대의 문법 '합니다, 하나, 합니까'처럼 들리기도 했다.

"급식을 억지로 먹게 하면 독이 됩니다, 감정을 충분히 읽어주시면 차츰 행동이 수정됩니다"라는 표현은 교사를 향한 신뢰가 담겼다기보다는 지시의 언어에 가깝다. 어투는 인간관계의 방향을 결정짓는 본질적인 요소다. 이 학부모의 글은 교사와의 협력을 지향하기보다는 자신의 주장을 일방적으로 관철하려는 목적이 더 강해 보였다. 교사라면 익히 알고 있을 법한 일반적

교육 상식을 나열하며, 자신의 말을 따르기 요구하는 듯한 태도는 불편함을 자아냈다.

특히 "반장, 줄반장 등 리더의 역할을 맡게 되면 자존감이 올라"간다는 대목에서는 특정 역할을 자신의 아이에게 맡기길 바라는 학부모의 의도를 읽을 수 있다. "도움이 됩니다"라는 말은 교사가 그것을 모른다고 전제한 듯한 뉘앙스를 풍겨 불편하게 했다. 교육의 변화는 학부모의 협조 없이는 불가능하지만, 요청 방식은 얼마든지 다를 수 있다. 내가 학부모였다면 표현을 다음과 같이 바꾸었을 것 같다.

선생님, 안녕하세요. 우리 아이가 자존감이 떨어지는 것 같아 걱정입니다. 제 나름대로 알아보니 친구 사이에서 줄반장 등 리더십을 기를 수 있는 역할을 잘 수행할 때 자존감이 올라갈 수 있다는 정보를 얻었습니다. 물론 선생님께서 이런 방법들을 언제, 어떻게 적용해야 할지 잘 아시고, 이에 대한 고민도 많이 하시리라 생각합니다. 자존감을 끌어 올릴 방안에 대한 선생님의 의견을 듣고 싶습니다.

아무리 옳은 말이라 해도 존중이 결여된 소통은 결코 마음에 닿지 않는다. 이 학부모의 글에도 "부탁드립니다"라는 표현은 있지만, 그것은 친절을 흉내 낸 압박처럼 느껴질 수 있다.

학생들 사이에 갈등이 생기면 사건의 경위를 교사가 알아보

담임선생님께

1. 하지마, 안돼, 그만!! 등 제지하는 말은 '절대'하지 않습니다.
   - 강력제지하는 말을 들을 때마다 지신도 모르게 분노 솟구쳐오릅니다. 위험한 행동 및 제지가 필요한 경우, 관심을 다른 곳으로 전환을 시킵니다.(방향전환하는 개념)

2. 싫다는 음식을 억지로 먹지 않게 합니다.
   → 질기거나 딱딱한 음식이 해롭습니다. 급식을 억지로 먹게 하면 독이 됩니다.

3. 또래의 갈등이 생겼을 때 철저히 편들어 주세요.
   → 이미 충분히 잘못을 알고 있어서 감정을 충분히 읽어주시면 차츰 행동이 수정됩니다.

4. 지시, 명령투보다는 권유, 부탁의 어조로 사용해주세요.
   → 왕의 DNA를 가진 아이이기 때문에 왕자에게 말하듯이 듣기 좋게 돌려서 말해도 다 알아듣습니다. 지시하거나 명령하는 식으로 말하면 아이는 분노만 축적됩니다.
   → 특히, 반장, 줄반장 등 리더의 역할을 맡게되면 자존감이 올라가 학교 적응에 도움이 됩니다.

5. 표현이 강하고 과장되게 표현합니다.
   → 학교가 지옥이다, 학교를 폭발하고 싶다 등은 학교가기 힘들고 무섭다란 표현입니다. 80%는 버리고 20%정도로 해석하시면 됩니다.

6. 칭찬과 사과에 너무 매말라 있습니다.
   → 칭찬결핍과 억울함(=사과부족)이 뇌손상의 큰 이유입니다. 칭찬은 과장해서 사과는 자주, 진지하게 합니다.

7. 회화에는 강점이고 수학은 취학합니다.
   → 뇌세포가 활성화될 때까지 쓰기와 수학 등 학습에 대해 강요하는 것은 자제 부탁드립니다.

8. 인사를 두 손 모으로 고개숙여 인사를 강요하지 않도록 합니다.
   → 고개 숙이는 대신 멋있게 손 흔들기 등 다른 방법으로 인사합니다. 극우뇌 아이들의 본성으로 인사하기 싫어하는 것은 위축이 풀리는 현상입니다. 인사를 잘해야 한다는 부담에 가두시면 자존감이 심하게 훼손됩니다.

9. 등교를 거부하는 것은 자유가 허용되자 제일 힘든 것부터 거부하는 현상입니다.
   → 교실에서 돋보이고 싶지만 현실은 전혀 반대여서 괴로워하는 것입니다. 또한 소통이 불편해서 아이들에게 놀림받을까 공포감으로 학교가는 것을 두려워하는 것입니다.
   → 아이가 학교에서 또래들에게 돋보일 거리를 만들어 줄 때까지 기다려주어야 합니다.

교육부 사무관 학부모가 담임교사에게 보낸 편지[1]

고, 그에 따른 지도를 하는 것은 기본이다. 교사는 특정 학생을 편들지 않고 공정하게 지도해야 한다. 친구 간의 갈등이 발생했을 때 자신의 자식만을 편들어 달라고 요구하는 것은 철저한 이기주의와 내 자식 지상주의의 한 단면을 여실히 드러낸다.

학부모는 "이미 충분히 잘못을 알고 있어서 감정을 충분히 읽어 주시면 차츰 행동이 수정"될 것이라고 덧붙인다. 가해 학생이든 피해 학생이든 교사가 학생의 감정을 돌보아야 한다는 점은 부인할 수 없다. 하지만 갈등 해결의 본질은 쌍방의 감정을 읽고, 이해하며, 조율하고, 서로 공감하는 시간을 갖는 것이다.

교사는 양쪽의 감정을 다 살펴야 한다. 그럼에도 학부모는 자신의 자녀가 "이미 충분히 잘못을 알고 있다"며 특별히 대우받기를 바라는 듯하다. 이는 '내 자식을 혼내지 말고, 오로지 공감만 해 달라'는 뜻으로 비춰진다. 교육은 관계의 예술이다. 아무리 인공지능이 발달해도 관계와 맥락이 없는 교육은 존재할 수 없다. 교육부 사무관 학부모의 민원 방식에 안타까움을 느끼지 않을 수 없다.

직위해제, 그 순간부터 교사는 죄인

직위해제는 공무원에게 부여된 직위를 일시적으로 박탈하는 인사 처분이다. 이는 형사 기소나 수사 또는 징계 의결 요구만으로도 처분이 가능하지만 공무원이라는 지위가 유지되며, 확정된 처벌이 아니다. 반면 징계(파면, 해임, 감봉, 강등, 정직, 견책 등)는 비위 사실에 대한 명확한 책임을 묻는 확정절 처벌이다. 그렇다면 직위해제는 징계가 아니기 때문에 가볍다고 볼 수 있을까. 전혀 그렇지 않다. 이는 실질적으로는 교사 자격을 일시 정지하는 조치이며, '징계 전의 징계'로 기능한다.

직위해제 기간 교사는 생계와 명예, 심지어 존엄까지 위협받게 된다. 소문의 진위가 밝혀지기 전에 사람들은 득달같이 달려들어 그 소문을 기정 사실인 양 비난한다. 게다가 직위해제는 단순한 업무 배제가 아니다. 국가공무원 복무규정에 따르면 이 기간은 재직 기간에 포함되지 않고, 연가 일수에서 차감된다. 6년 이상 근무한 교사는 연간 21일의 연가를 가질 수 있지만, 단 한 번의 직위해제 조처로 연가를 모두 사용하게 된다. 승급과 승진에서도 제외된다.

공무원 보수 규정 제29조(직위해제 기간 중의 봉급 감액)에 따르면, 사유에 따라 다르지만 지급액이 봉급의 80%에서 최대 30%까지 줄어들 수 있다. 물심양면物心兩面으로 개인에게 치명적 타격을 주는 불이익이라 할 수 있다.

"항산恒産이 있어야 항심恒心이 있다"는 맹자의 말에서도 볼 수 있듯 사람은 일정한 생계가 있어야 마음의 여유를 지킬 수 있다. 생계가 걸린 상황에서 월급이 감액된다면 특히 가족이 있는 교사에겐 심각한 타격이 아닐 수 없다. 30% 감봉은 단순한 불이익이 아니라 곧 삶의 기반이 흔들린다는 뜻이다.

직위해제가 정당한 사유에 따른 것이라면 당연히 감내해야 할 몫이겠지만, 악의적 민원에 따라 남용되었다면 상황은 달라진다. 사실관계조차 확인되지 않은 채 내려진 조치로 인해 한 교사의 삶 전체가 흔들려서는 안 될 것이다. 이런 상황이 반복된다면 교사들은 방어적이고 소극적인 자세로 교육 활동을 할 수밖에 없다. 열정을 대신하여 두려움이 그 자리를 채우게 되므로.

교권, 법적 정의가 없다고?

우리가 일상적으로 사용하는 교권敎權이라는 말에는 놀랍게도 명확한 법적 정의가 없다. 일부 시·도교육청 조례에서 개념을 규정하고는 있지만, 상위법인 교육공무원법에는 교권에 대한 정의가 없다.

교원의 지위 향상 및 교육 활동 보호를 위한 특별법(약칭 교원지위법)에서도 역시 교권이라는 단어는 쓰지 않는다. 법적으로 개념이 확정되지는 않았으나, 교권 보호라는 말이 '교원의 지위 보장'과 '교육 활동 보호'라는 두 축과 맞닿아 있음을 유추할 수 있다.

다시 말해 우리 법은 '교권이란 어떠한 것이다'라는 식의 정의 규정을 하지 않는다. 하지만 교육공무원법 제43조(교권의 존중과 신분 보장) 1항 "교권은 존중되어야 하며, 교원은 그 전문적 지위나 신분에 영향을 미치는 부당한 간섭을 받지 아니한다" 에서 '교권'이란 단어를 명시적으로 언급함과 동시에 교권이 존중되어야 할 권리임을 법적으로 명확히 밝히고 있다.[2]

"수업 중에 왜 어려운 수학 문제를 푸나요. 우리 아이 열등감 느끼잖아요. 그냥 교과서에 나오는 쉬운 문제만 다루세요."[3] 초등교사들이 종종 이런 항의성 민원을 받는다는 사실을 알고 적잖이 놀란 적이 있다. 학생의 사고력 향상을 위하여 제공하는 문제조차 민원의 대상이 될 수 있다는 생각에 절로 혀가 내둘러졌다.

1984년 프린스턴대학교 수잔 피스크Susan Fiske, 1952~ 교수와 UCLA 셸리 테일러Shelley Taylor, 1946~ 교수가 발표한 '인지적 구두쇠cognitive miser 이론'에 따르면 인간은 사고에 필요한 에너지를 절약하려는 성향을 지닌다. 다시 말해 사람들은 깊이 생각하기보다 단순하고 자동화된 방식으로 문제를 해결하려 한다.

이러한 성향은 휴리스틱heuristics, 확증 편향, 인지 부조화, 자동화된 습관 같은 심리적 기제로 나타난다. 특히 반복되는 일상에서는 깊은 사고 없이 결정을 내리는 경우가 많다. 수학에서도 이 같은 습관은 쉽게 찾을 수 있다. 예컨대 '사탕이 13개씩 든 비닐봉지가 11개 있다면 사탕은 모두 몇 개일까?'라는 문제를 반복적으로 접한 학생은 나중엔 문제의 맥락을 고려하지 않고 무조건 두 수를 곱하게 된다.

이때 유능한 교사는 단순히 정답 맞히기를 넘어서, 학생들이 일정 수준의 성취에 도달했을 때 적절한 인지적 갈등을 유도해 사고력을 자극한다. 너무 어렵지도, 너무 쉽지도 않은 문제를 통해 학생은 성취감을 느끼며 사고의 깊이를 확장하게 된다. 이는 시냅스 가소성(경험에 따라 뉴런 간 연결이 강화되거나 약화되는 과정)을 자극하며, 실질적인 두뇌 발달로 이어진다. 이러한 현상은 "함께 발화하는 뉴런은 서로 연결이 강화된다Cells that fire together, wire together는 '헵의 법칙Hebb's rule'으로 설명할 수 있다.

초등학교 고학년으로 갈수록 고차 사고력을 필요로 하는 추상적·공간적 개념이 등장한다. 이 시기에 교사는 학생의 '편안한 뇌'를 '불편하게' 만들어야 한다. 일정 수준의 스트레스는 오히려 성장을 촉진하는 자극이 되기 때문이다. 그러나 최근 학생들은 문장이 조금만 길어도 읽기를 꺼리고, 문제 수준이 높아지면 스스로 고민하지 않고 바로 선생님에게 질문을 던진다. 그 배경에는 학부모의 과도한 보호가 자리 잡고 있다. 교사는 전문성과 자율성을 갖고 수업을 설계하지만, 수업 방식에 대한 민원이 제기되면 속수무책이 된다.

학부모가 수업 내용에 개입하고 문제 수준에 민원을 제기하는 행위는 교사의 교육 전문성을 무시하고, 학생 맞춤 교육을 설계하는 교사의 자율성을 심각하게 훼손하는 일이다. 이는 말 잘 듣는 '착한 교사'라는 왜곡된 기대와도 맞닿아 있다. 내 자식에게 감정적인 불편을 주지 말라는 요구는 결국 '내 아이를 생각하지 못하는 존재'로 학부모 스스로가 만들어 가는 것이다.

  교권을 정의한 법률 조항은 없지만, 교권에는 교사가 자율적으로 수업을 설계하고 운영할 수 있는 권리와 교육 활동에 대한 부당한 민원, 폭언, 폭행 등으로부터 안전하게 보호받을 권리가 당연히 포함된다고 생각한다. 교사가 아이들 스스로 생각하도록 가르치려면 부당한 민원으로 행해지는 교권 침해를 막을 수 있는 장치가 있어야 한다.

'어떻게'를 뒷받침할 시스템의 부재

  교권 침해 사례를 통해 교권의 개념을 반추해 보면, 교권이란 교사가 교육 활동을 수행하는 데 있어 가져야 할 권리와 자율성을 의미한다. 또한 교권은 학생을 교육하고 관리하는 과정에서 존중받아야 할 교사의 기본적인 권리이다.

  최근 중학교 동창을 상대로 딥페이크[4] 성착취물을 제작한 혐의로 경찰 조사를 받은 한 고등학생이 있다. 그 학생의 부친은 "아드님이 만든 영상 불법인지 알고 계시냐"는 질문에 "관심 없다"며 "애가 이번에 시험을 본다. 10월에 논술, 11월에 수능이 있다"고 말했다. 이 부친에게 우리나라의 초·중등학교 교육과정 총론의 한 부분을 읽어 준다면 어떤 식으로 반응할까? '관심 없다'고 말하리라 예상되지만, 이 대답이 그 아버지 한 명만의 답변이 아니라면 우리 사회는 심각한 문제를 안고 있는 셈이다.

우리나라의 교육은 홍익인간의 이념 아래 모든 국민으로 하여금 인격을 도야하고, 자주적 생활 능력과 민주 시민으로서 필요한 자질을 갖추어 인간다운 삶을 영위하고, 민주 국가의 발전과 인류 공영의 이상을 실현할 수 있도록 함을 목적으로 한다.[5]

'이 아이는 왜 이와 같은 행동을 반복할까?' '이 학부모는 왜 이런 방식으로밖에 자신의 생각을 표현하지 못할까?' 교사라면 누구든지 학생 생활지도를 하면서 이런 질문을 던져 봤을 것이다. 교직에 있는 동안 특정 학생의 반복적인 문제 행동, 그를 둘러싼 학부모의 무례함은 직접 겪지 않더라도 주변에서 수없이 듣게 되는 일이다. 친구를 괴롭히지 말라고 여러 차례 당부해도 또다시 친구에게 상처를 주는 학생, 교사에게조차 예의를 지키지 않는 학생은 교실 어딘가에 늘 존재해 왔다.

'왜 저럴까'라는 질문은 문제 해결의 출발점이다. 하지만 답은 쉽게 구해지지 않는다. 질문에 대한 답을 구하기 위하여 수많은 실패와 시간이 필요하고, 그 과정을 반복하다 보면 지치고 무기력해지기도 한다. "왜"에만 머물다 보면 교사는 스스로를 지켜 낼 방법을 잊은 채, 정서적 소진에 빠지기 쉽다.

이럴 때는 질문을 잠시 바꾸어도 좋겠다. 전하의 존재를 모르던 시절을 떠올려 보자. 실제로는 전자가 전류의 흐름을 만들어 냈지만, 인류는 양전하가 이동한다고 가정하고 전기에 관한 문제를 멋지게 해결했다. 마찬가지로 '이 학생은 왜 이럴까'라는 질문만 붙잡지 말고, '어떻게 대처할까'로 시선을 돌린다면 자신을 지킬 방법을 놓치지 않을 것이다.

따라서 교사는 학생에 대한 '왜'라는 근본적인 질문은 유지하되 정당한 교육 활동을 위해 법과 제도의 언어를 이해하고, 사회적 시스템을 적절히 활용하는 감각도 필요하다. 교원소청심사, 교권보호위원회 등은 교육 공동체가 교사를 보호하기 위해 마련한 장치들이다. 이를 익히고 활용하는 일은 단지 교사 자신을 지키기 위한 차원이 아니라 공교육이 구조적으로 교사를 지지하도록 작동하게 하는 과정이다.

다만 이러한 시스템이 제대로 작동하고 있다고 보기에는 어려운 측면도 있다. 학교에 있던 교권보호위원회가 지역교육청으로 이관되면서 신속한 처리가 이루어지지 않고, 심의위원회 개최까지 한두 달을 기다려야 하는 상황도 있으며,[6] 위원회 구성에서 교사 위원의 비율이 낮다는 점도 문제점으로 지적되고 있다.[7]

또한 교권침해가 매우 심각한 사안임에도 솜방망이 처분만 내려진 사건 등이 언론을 통해 확인되고 있다. 따라서 제도적 장치가 실효성 있게 보완되지 않는다면 교육은 여전히 '착한 교사'를 양육하는 사회적 수렁을 헤어나지 못하고 표류하고 말 것이다.

가끔 대학 동기들과 교권 이슈에 대해 대화를 나누다 보면 대학 시절의 낭만은 점점 희미해진다. 사람은 추억을 먹고 산다지만, 현실의 무게 앞에서 그 시절의 따뜻한 기억은 저 멀리 밀려난다. 과거보다 현재가 너무 절박해서, 아름다웠던 그 기억들이 스스로 잊히고 있는 건 아닐까. 이는 지금 내가 짊어진 문제의 무게가 그만큼 크다는 방증이 아닐까 하는 생각이 든다.

3
학력+학벌주의와 교권 붕괴

배운 사람의 의미

"뭐 하시는 거예요, 배운 사람한테? 당신 어디까지 배웠어요, 지금? 계속 이딴 식으로 해도 되는 거예요 정말? (내가) 카이스트 경영대학원 나와 가지고 MBA까지 그렇게 우리가 그렇게 했는데, 카이스트 나온 학부모들이 문제아니냐고!"[1]

2023년 8월 한 언론사를 통해 공개된 어린이집 교사와 학부모의 통화 녹취록은 충격적이었다. 마치 뛰어난 전기수가 관객의 감정을 끌어올리듯 녹취록은 내 감정을 고조시켰다. 녹취록의 대화는 해가 들어오지 않는 회색 도시의 빌딩 숲 어딘가의 음침한 뒷골목처럼 어두운 현실의 민낯을 날것 그대로 드러냈다.

교사에게 아이를 다른 반으로 가라고 했냐며 따져 묻고, 교사가 이를 부인하자 학부모는 아이의 울음을 근거로 교사를 몰아세웠다. 뒤이어 CCTV까지 언급하며 교사를 압박했고, 교사는 당당히 확인해 보라고 맞섰다. 그러다 다시 걸려 온 전화에서 '카이스트'란 단어가 느닷없이 등장했다.

아무리 연관 지어 보려 노력해도, 사건의 맥락과 전혀 어울리지 않는 언급이었다. "카이스트 나온 학부모들이 문제아냐고?"라는 대목에서 학벌이 곧 인격적 정당성을 보장한다는 학부모의 믿음을 확인할 수 있었다. 즉, '카이스트 출신=문제가 없는 사람'이란 등식이 성립한다는 믿음이다.

카이스트가 입학과 졸업이 모두 어려운 명문이라는 사실은 부정하지 않는다. 하지만 명문 학교 출신이 도덕적 무결함까지 보장해 주는 걸까? 그런데 더 놀라운 사실은 정작 민원의 주인공인 이 학부모는 해당 대학원을 졸업하지도 않았다는 점이다. 스스로 학벌에 대한 낮은 자존감을 드러낸 셈이다.

'배운 사람'이라는 말은 단순히 학력 이상의 것을 포함한다. 인품과 교양, 겸손이 뒤따라야 진정한 의미를 갖는다. 그러나 이 학부모는 자신의 스펙을 무기로 삼아 교사를 공격했다. 이는 단지 개인의 문제가 아니라 우리 사회 전반에 퍼진 학벌 중심 사고를 반영한다.

"돈만 있으면 왕따 안 당해요"라는 말을 초등학생에게 실제로 들은 적이 있다. 사회가 아이들에게 무엇을 가르치고 있는지 마주한 순간이었다. 노력의 결과로 얻은 성과, 즉 학벌이나 재산을 온전히 자신이 홀로 성취한 것이라 착각하고, 그 성과가 타인을 차별하는 면죄부가 되는 이상한 현상은 우리 사회의 고질적인 문제로 자리 잡고 있다.

이런 기이한 논리는 결국 사람들 사이의 간극을 더욱 넓히고, 서로를 이해하는 대신 차별의 장벽을 쌓는 결과를 낳고 있다. 자신의 지위나 재산을 이용해 누군가를 억누르는 것이 아니라, 상대를 존중하고 열린 마음으로 대화하는 것이야말로 자신을 높일 수 있는 성숙한 모습이다.

학벌주의와 더불어 학력주의 역시 교권 침해, 학부모 갑질 현상과 관련 없는 것일까? 대학 진학률 통계로 그 연결성을 생각해 보면 어떨까? 한국의 대학 진학률은 꾸준히 상승해 왔다. 1999년 기준 20세였던 세대가 2024년엔 45세 학부모가 되었다. 대학 진학률이 급격히 상승하는 한중간에 있던 이 세대가 교사와 충돌하는 모습이 언론에 자주 등장하는 건 결코 우연이 아닐지 모른다.

사실 학벌이나 학력 그 자체에는 선악善惡이 없다. 문제는 그것이 '주의'와 결합할 때 시작된다. 학벌주의는 출신 학교의 사회적 명성을, 학력주의는 최종 학위를 기준 삼아 사람을 평가하고 차별하는 인식을 말한다. 이 둘은 모두 사회적 서열을 전제로 하며, 타인에 대한 존중보다 우월감을 앞세운다.

연도	진학률		
	초등학교 → 중학교 과정	중학교 → 고등학교 과정	고등학교 → 고등교육기관
1999	99.9	99.4	66.6
2000	100.0	99.6	68.0
2001	99.9	99.6	70.4
2002	100.0	99.5	74.2
2003	100.0	99.7	79.7
2004	100.0	99.7	81.3
2005	100.0	99.7	82.1
2006	100.0	99.8	82.1
2007	100.0	99.6	82.8
2008	100.0	99.7	83.8
2009	100.0	99.6	81.9
2010	100.0	99.7	78.9
2011	100.0	99.7	72.5
2012	100.0	99.7	71.3
2013	100.0	99.7	70.7
2014	100.0	99.7	70.9
2015	100.0	99.7	70.8
2016	100.0	99.7	69.8
2017	100.0	99.7	68.9
2018	100.0	99.7	69.7
2019	100.0	99.7	70.4
2020	100.0	99.7	72.5
2021	100.0	99.7	73.7
2022	100.0	99.7	73.3
2023	100.0	99.6	72.8

주: 1. 진학률(%) = (해당 연도 졸업자 중 진학자 / 해당 연도 졸업자) × 100
2. 초등학교→중학교 과정 진학률 100.0%는 근삿값임
3. 중학교 과정: 중학교와 중학교 과정의 기타 학교
4. 고등학교 과정: 고등학교와 고등학교 과정의 기타 학교
5. 고등교육기관은 전문대학, 일반대학, 교육대학, 각종 학교로 구분(2005년 이후 국외 진학자 포함)
6. [교육지표 산출식 3.진학률] 참고

연도별 진학률 2

한국 사회는 대학 이름에 과도한 가치를 부여한다. 대학에서의 전공이나 연구 성과보다는 지명도가 개인의 능력을 대변하는 듯 여겨지는 사회구조 속에서, 학부모들은 자녀의 학벌과 학력을 끌어올리기 위한 욕망에 사로잡혀 압박과 강요로 자녀를 양육한다. 이렇게 형성된 학벌 위계는 결국 자신보다 못한 대학을 나온 상대에 대한 차별을 낳으며, 그에 따른 서열 문화를 공고히 구축해 나간다.

서열화는 다양한 방식으로 일상에 스며든다. '우리 모두 대학을 졸업했으니 동급이야', '비록 교육 전공은 아니지만, 내가 더 좋은 대학을 나왔으니 내가 더 잘 알아'라며 서로의 전문성을 인정하지 않는 모습에서 그 단면이 드러난다. 이러한 논리가 사회 구성원 모두의 상식으로 굳어지기 시작하면, 학부모와 교사 모두 서로의 의견 자체에 귀 기울이기보다는 서로의 학력이나 출신 학교를 보고 그 가치를 판단할지도 모른다.

고등학교 시절 공부는 잘했지만 기분에 따라 친구에게 폭력을 휘두르던 한 학생이 명문 대학교에 입학했던 기억이 떠오른다. 선생님이 상주하지 않는 교실에서 주먹이 곧 법이었고, 그 학생에게 맞은 학생은 두려워서 저항할 수 없었다.

그 학생이 지금 어떻게 지내는지는 모르겠다. 욱하는 성질을 버리고 새사람으로 개과천선하였을지, 아니면 그때의 버릇이 고쳐지지 않아 시련을 겪고 있을지 모를 일이다. 공부는 잘했을지 몰라도 다른 학생에게 말을 함부로 하며 기분에 따라 폭행했던 일은 당시 명문 대학교 입학이란 성과에 수반되는 떠받듦 속에 묻혀 갔다. 그 행동은 오직 그 학생에게 맞았던 친구의 기억 속에만 오롯이 남아 있을 것이다.

여기서 다시 질문해 볼 수 있겠다. 명문 대학교 출신이면 배운 사람인가? 배운 사람이란 도대체 어떤 사람을 말하는가? 우리 사회에 진정 필요한 건 전문성에 대한 상호 존중과 겸손한 자세다. 문제 해결의 시작은 우위를 점하려는 경쟁이 아니라, 협력과 토론에서 비롯된다.

학교와 집에서 행실이 전혀 다른 내 아이

앞서 언급한 학부모와 어린이집 교사의 대화를 조금만 더 들여다보면 "우리 아이 완전 거짓말쟁이 되는 거예요?"라는 질문과 "내 아이가 우선이지, 사실은. 내가 선생님 인권 보호해 주거나 선생님 교사권 보호해 주는 사람은 아니잖아요"라는 발언에서 학부모의 태도가 선명히 드러난다. 이 말들 속에는 자녀에 대한 절대적 신뢰와 편향, 곧 내 자식 지상주의가 고스란히 배어 있다.

"우리 아이 완전 거짓말쟁이 되는 거예요?"라는 학부모의 말에는 '내 아이는 그럴 리 없다'는 확고한 믿음이 깔려 있다. 하지만 아이들뿐만 아니라 우리도 누구나 한 번쯤 자신의 입장을 위해 거짓말을 해 본 경험이 있을 것이다.

교직에 몸 담은 이래로, 나는 아이의 학교 내 언행과 집에서의 모습이 전혀 달라 충격을 받는 학부모의 모습을 자주 목격했다. 자녀의 말을 믿고 지지하려는 부모의 태도는 자연스럽지만, 동시에 자녀의 말이 거짓일 가능성도 염두에 두어야 한다.

교대를 갓 졸업한 풋내기 교사 시절, 억울한 누명을 쓴 적이 있었다. 평소 착실하고 모범적인 한 학생이 '담임이 아이들을 엎드려뻗쳐 시켜 놓고 때렸다'고 부모에게 말한 사건이었다. 사실무근이었지만 그 아이의 어머니는 아무런 의심 없이 아이의 말을 믿어서였을까. 나를 향해 보냈던 그 학부모의 싸늘한 눈빛은 아직도 잊히지 않는다.

'내 아이가 우선이지, 선생님 인권이나 교사권 보호는 내 역할이 아니'라는 말은 상대를 대화의 대상으로조차 인정하지 않는 태도를 드러낸다. 사실관계를 따져 보기도 전에 교사의 권리를 보호할 생각은 없다고 선언하는 말에서 인간에 대한 기본적인 예의조차 느껴지지 않는다.

이런 태도의 사회적 배경은 무엇일까? 가장 큰 요인은 아무래도 자녀 수 감소와 핵가족화일 것이다. 아이가 적어질수록 그 존재는 특별해지고, 부모는 자녀에게 모든 자원과 감정을 집중하게 된다. 또한 과거엔 여러 어른이 함께 아이를 돌봤지만, 지금은 오직 부모만이 자녀를 책임지다 보니 자녀에 대한 과잉 보호로 이어지기 쉽다.

여기에 더해 부모가 자녀를 통해 대리 만족을 추구하는 심리 그리고 SNS를 중심으로 확산되는 비교 문화가 이 현상을 더 부추긴다. 타인의 자녀와 나의 자녀를 비교하면서 부모는 자녀에게 더 높은 성취를 요구하고, 자녀의 성공을 곧 자신의 성공으로 여기게 된다. SNS는 평균이 아닌 과시된 일부를 보여 줄 뿐이다. 현실보다 과장된 장면을 기준으로 삼는 순간 '더 잘 키워야 한다'는 조급함이 생기고 말 것이며, 이는 자녀에게 왜곡된 사랑과 압박으로 작용할 수 있다.

초등학생은 아무나 가르칠 수 있지

몇 해 전 한 지인이 던진 "초등학생은 아무나 가르칠 수 있지"라는 말이 지금까지도 마음 한쪽 편을 맴돈다. 웃으며 넘겼지만 속으로는 '그건 아닌데……'라는 생각이 떠나질 않았다.

그 지인의 말 속에는 '기껏 초등학생 가르치는 일인데 뭐가 어렵겠냐'는 사회적 통념이 배어 있다. 이는 교육을 단지 '지식 전달'로 좁게 보는 시각에서 비롯된 오해다. 이혁규 전 청주교육대학교 총장은 자신의 저서에서 두 가지 사회적 통념을 소개한다. 첫째, '가르치는 일은 아무나 할 수 있다', 둘째, '학교급이 낮을수록 전문성은 덜 필요하다'는 통념이다.[3]

이 책에서는 생활에서 흔히 접하는 '가르침'의 경험 때문에 '교사는 누구나 할 수 있다는 신화'가 만연해 있다고 분석한다.

연예인, 종교인, 학자 등도 강연에서 멋진 가르침을 제공하지만, 이들이 특별한 교사 자격증을 지닌 사람들은 아니다. 이러한 사례는 일상적 경험을 가르치기 위해서는 특별한 자격증을 지녀야 한다는 생각을 낯설게 만든다. 교사를 위한 교육학이 근대적 산물이며, 직업 교사가 되기 위한 교육이 늦게 등장한 것은 부분적으로 이러한 인식 때문에 일어난 일이다.[4]

학부모들도 이런 오해를 품기 쉽다. 왜냐하면 12년간 제도권 교육에 학생으로 몸담았던 경험이 곧 '교육을 이해한다'는 착각으로 쉽게 이어지기 때문이다. 교육을 전공하지 않은 대졸 출신의 학부모들도 때로는 자신의 경험을 바탕으로 교사 못지않게 교육을 잘 안다고 생각하며 간섭하는 경우가 적지 않다.

이런 현상은 중등교육보다 초등교육에서 더 두드러진다. 중·고등학교 시절에는 누구나 삼각함수나 인수분해처럼 복잡하고 난해한 문제와 씨름했던 경험이 있을 것이다. 가르침을 지식 전달과 문제 풀이로 여기는 대중의 상식 속에서, 초등학교에서 배우는 내용은 상대적으로 단순하고 시시하게 보이기 쉽다. '적어도 중·고등학생 수준 정도를 가르칠 수 있어야지'라는 생각이 깔려 있다면, 이는 교육의 전문성이 내용의 깊이에서만 나온다고 생각하는 좁은 시야에서 비롯된 것이다. 학문적인 내용을 어린이의 수준에 맞게 재조직하여 전달하는 것 또한 초등교사만의 전문성이라 할 수 있다.

약 60년 전인 1966년 유네스코가 '교원의 지위에 관한 권고'

에서 교사를 전문직으로 규정했음에도, 여전히 누구나 교사가 될 수 있다는 고정관념은 우리 사회에 깊이 뿌리내려 있다.

초등교사의 전문성이 과소평가되는 현상은 교육법의 변천에서도 드러난다. 1949년 중등교사는 대학 수준에서 양성되었지만, 초등교사는 한참 뒤인 1980년대 초가 되어서야 비로소 4년제 대학 체제를 갖추어 양성할 수 있었다. 이는 교육에 대한 무지와 편견을 드러내는 제도적 증거다. 《한국의 교사와 교사 되기》의 한 부분을 인용하여 위에 소개했던 두 가지 통념이 잘못된 것은 아닌지 살펴볼 필요가 있다.

한 가지 분명한 것은 교사가 학습자에게 전달하고자 시도하는 교과 지식의 수준이 아주 낮은 것이라고 해서 그 교사가 수행하는 일련의 교수 활동 자체가 누구나 수행할 수 있을 만큼 용이한 것은 아니라는 사실이다. 교사가 수행하는 교수 활동의 용이함이나 어려움은 그가 가르치려는 교과 지식의 수준에 달려 있는 것이 아니라, 학습자의 수준을 진단하고 그에 어울리는 교과 지식을 찾은 뒤, 이를 학습자가 이해하도록 조력하는 활동의 특질에 달려 있는 것이다. 그리고 초등교사는 초급 지식을 가르치기 때문에 그가 수행하는 교수 활동은 비교적 용이한 것이라는 통념과는 달리 바로 초급 지식을 가르쳐야 하기 때문에 그 교수 활동은 난해한 것이 된다고 볼 충분한 이유가 있다.[5]

신뢰를 스스로 허무는 교사

그러나 교권 붕괴는 외부 요인만으로 설명될 수 없는 복합적인 문제다. 교권 붕괴를 일으키는 명확한 내부 요인은 바로 '교사로서의 본분을 망각한 행동'이다. 초등학생 시절 내 친구는 담임교사에게 부당한 차별을 받는다고 느꼈다. 같은 잘못을 해도 다른 학생은 말로 훈계받고, 자신은 공개적으로 뺨을 맞는 일이 반복되었다고 한다.

어느 날 친구는 선생님에게 드리라며 어머니로부터 봉투를 건네받았다. 봉투 속엔 돈이 들어 있었고, 친구는 그 사실을 교실 한가운데서 알게 되었다. 봉투를 열어 보는 순간 돈이 바닥에 흩어졌다. 이윽고 교실은 정적에 잠겼다고 한다.

그 담임선생님이 친구의 학부모에게 촌지를 요구했는지는 알 수 없다. 그러나 이 사건은 당시 교사-학생-학부모 사이의 신뢰가 무너지고 있음을 여실히 보여 주었다. 단 한 명의 비도덕적인 교사가 교직 사회 전체의 신뢰를 훼손할 수 있고, 결국 선량한 교사들마저 의심받는 현실로 이어진다.

더욱이 성(性)적 비위와 같은 도덕적 해이는 그 충격이 훨씬 크다. 교사의 윤리적 붕괴는 단지 개인의 일탈이 아니라 학생들에게 부정적인 영향을 확산시키며, 사회 전반으로 교직에 대한 불신을 퍼뜨리는 결과를 낳는다. 이런 사건이 반복될 때마다 사람들은 '어떻게 이런 일이?'라고 묻지만, 그 질문은 교사라는 존재가 우리 사회로부터 얼마나 큰 책임과 기대를 받고 있는지를 역설적으로 드러낸다.

이처럼 도덕성과 신뢰가 핵심인 직업인 만큼 교사는 스스로를 단련할 수 있는 내면의 힘을 갖춰야 한다. 도덕성을 갈고 닦아 여러 유혹에 흔들리지 않으려면 '교직관'에 대한 성찰이 필요하다. 교직을 수행하며 자신이 하는 일을 바라보는 관점에 대해서 고민하고 성찰하는 자세가 수반되지 않은 교사는 동요하게 된다. 대표적으로 어떠한 교직관이 있을까? 성직관, 전문직관, 노동직관, 공직관은 각기 다른 시각에서 교사를 바라본다.[6]

성직관은 교사를 학생의 인격을 책임지는 영혼의 사자師資로 본다. 이 관점은 교사의 숭고한 덕목과 헌신을 강조하지만, 그 기대는 교사의 도덕적 실수를 더욱 치명적으로 만든다. 종교인의 일탈이 사회를 경악케 하듯 교사의 잘못은 교육 시스템 전체에 신뢰 위기를 초래한다. 교사는 도덕적 단련을 멈춰서는 안 된다.

전문직관은 교사를 고도의 전문성과 지적 능력을 갖춘 존재로 본다. 교사는 끊임없이 연구하고 성장해야 하며, 높은 윤리성과 책임감을 지녀야 한다. 교육은 단순한 지식 전달을 넘어 인간을 성장시키는 작업이기에 교사의 도덕적 실패는 학생 개인뿐 아니라 사회 전체를 실망시킨다.

노동직관은 교사를 하나의 노동자로 인식한다. 교사도 노동자로서 권익을 보호받아야 하며, 과도한 소명 의식에 매몰되어 자신의 권리를 스스로 포기해서는 안 된다. 더욱이 교사의 노동은 사회에 중대한 영향을 미치므로 그 가치는 존중받아야 한다. 단, 노동자로서의 정당한 권익은 성실하고 윤리적인 노동 위에서만 설득력을 가진다.

공직관은 교사를 공적 존재로 여겨, 공공의 이익과 사회발전에 기여하는 역할을 수행하는 존재로 보는 입장이다. 어떤 관점에서 보더라도 교직은 도덕성과 책임감을 요구한다. 따라서 교사는 언제나 '타他의 사표師表'여야 한다는 사실을 잊지 말아야 한다.

좁은 벽장에 갇힌 거인

이혁규 전 청주교대 총장은 한국 교사를 "좁은 벽장에 갇힌 거인"이라 표현했다. 뛰어난 교사들이 탁월한 능력과 가능성을 지녔지만, 아쉽게도 학교 구조와 사회 분위기 속에서 그 힘을 온전히 펼치지 못하고 있다는 것이다. 개인적으로 내가 만난 교사들은 학급 운영과 생활지도에서 놀라운 전문성을 보였지만, 그들의 고민은 여전히 각 교실 안에 갇혀 표류하고 있었다.

그렇다면 개별 교실 속에서만 고민이 맴도는 이유는 무엇일까. 나는 그 이유를 '파편화'에서 찾으려 한다. 여기서 말하는 파편화란 교사들이 고립된 채 각자의 업무에만 몰두하는 경향을 의미한다.

초등교육에서 교사는 교실 안에 상주한다. 학생들이 너무 어리기 때문이라고 생각할 수 있겠지만, 이는 생활지도와 소통, 친밀한 관계 형성을 위한 선택이다. 학생은 언제든 교사에게 다가갈 수 있고, 교사는 아이들의 일상을 교육의 재료로 삼아, 수업과 삶을 연결지을 수 있게 된다.

그러나 이 구조는 역설적으로 교사를 교실 안에 고립시키고, 동료 교사 간 협력의 여지를 좁힐 수 있다. 특히 불필요한 행정 업무까지 쌓이면 교사는 더욱 교실 안에 틀어박혀 혼자 바쁘게 움직이게 된다. 이러한 고립의 상태가 쌓이면 또 다른 비극이 벌어지리란 예상은 쉽게 할 수 있다.

그러던 어느 날 벽장 속에 갇힌 파편화된 거인들이 벽장을 뚫고 나와 하나로 뭉쳤다. 서이초등학교에 벌어진 슬픈 소식 그리고 그 소식을 통해 그동안 알려지지 않았던 충격적 사건들이 수면 위로 떠오르면서 거인들은 공교육 정상화를 향해 하나의 목소리를 내고 있다.

거인들은 서이초 사건을 기점으로 공교육을 바로 세우기 위해 여러 노력을 하고 있다. 우선 교사의 권리를 지키기 위하여 교사노동조합에 가입하는 선생님이 늘어났다. 그리고 파편화된 현장의 고리를 끊어 내기 위해 자발적으로 연구 공동체를 만들어 소통하고, 수업과 생활지도에 대한 의견을 공유하며 함께 성장하고 있다. 유연한 교사의 모임이 학교 문화를 바꾸고, 그렇게 바뀐 학교 문화는 자연스럽게 연대로 이어지게 된다.

혼자 달리는 장거리 주자는 중도 포기의 유혹을 느끼지만,

함께 달리는 이들은 서로의 존재만으로 완주할 힘을 얻는다. 좁은 벽장은 주로 타자(他者)가 만든다. 중앙정부의 관료적 통제, 성적만을 중시하는 경쟁적 입시 풍토, 과도한 사회적 요구가 교사를 가두었다.7 서로의 손을 잡고 '착한 교사'가 되길 포기할 때 교사들은 비로소 거인답게 세상을 바꿀 수 있을 것이다.

4
갑질 사회의 공교육 서비스

고객 만족 서비스?

깊은 한숨이 나왔다. 교원들이 모인 자리에서 누군가가 한 '학부모와 학생에게 질 높은 교육 서비스service를 제공해야 한다'는 말을 들었을 때 '교육은 교육이지, 교육 서비스란 말은 대체 무엇을 강조하고 싶은 걸까?'라는 의문이 머릿속을 맴돌았다. '질 높은 교육을 제공한다'는 표현에 '서비스'라는 단어가 붙으니 분위기가 확 달라졌다. 그 말속에는 아마 재화와 서비스라는 경제적 맥락이 녹아 있었을 것이다.

서비스는 라틴어 'servitium'에서 유래했다. 어원적 의미는 노예의 신분, 예속이다. 노예를 뜻하는 'servus'에서 파생된 이 단어는 시중, 봉사, 원조 같은 의미로 확장되었고, 오늘날에 '소비자의 요구를 충족시키는 무형의 활동'으로 정의된다. 영어 단어 'serve' 역시 이 단어와 관련이 있다.1 단어의 의미가 변하여 그 쓰임이 확장되었다 하더라도, 서비스에는 여전히 한쪽이 다른 쪽을 '받든다'는 위계가 내포되어 있다. 따라서 공교육의 범위 안에서 교육을 서비스로 보는 시각은 교육의 근본을 위협할 수 있다.

교육의 핵심은 모든 이에게 평등한 기회를 제공하고, 각자가 가진 능력을 키워 주는 데 있다. 그 과정에서 학생들은 서로를 존중하는 태도를 배우고, 함께 살아가는 사회의 성숙한 구성원으로 자리 잡게 된다. 그런데 공교육마저 '고객 만족'을 우선하는 서비스로 전락한다면 교육은 수단이 아닌 상품이 되고 만다.

물론 고객의 요구가 공익과 일치할 때는 교육의 본질이 지켜질 수 있다. "우리 아이가 배려와 협동심을 배워 다른 사람들과 조화롭게 공동체 생활을 할 수 있도록 지도해 주세요", "우리 아이가 역량을 잘 길러 공공의 행복 증진을 위해 사용하는 사람으로 자라도록 도와주세요"와 같은 요청은 그 대표적인 사례다. 하지만 대다수 고객이 정의로운 사회 구현을 위한 요구, 즉 인간의 존엄성 강조, 민주 시민의 자질 함양보다는 자녀의 점수 향상, 생활기록부 기록, 과잉보호에 대한 무리한 요구를 더 많이 하지는 않을까.

학생의 변화는 단시간에 이루어지지 않는다. 교육의 진정한 미학은 기다림 속에서 피어난다. 그 변화는 다양한 요소를 고려

한 꾸준한 지도 속에서 서서히 드러나는 법이다. 그러나 소비자는 이러한 기다림을 견디지 못하고, 성적이나 생활기록부 같은 즉각적인 성과를 끊임없이 요구한다. 이럴 때 교육의 본질은 뒷전으로 밀려날 위험이 커진다.

실제로 일부 학부모는 채점 시 학생이 상처받지 않도록 틀린 부분을 반드시 작게 표시해 달라거나, 반 편성과 자리 배치에 특정한 방식을 요구하기도 한다. 모둠 활동을 지양해 달라거나, 숙제를 내지 말아 달라는 요청도 있다. 이들은 교사가 자신들의 요구를 수용해야 한다고 생각하며 그 이유로 '세금으로 지급되는 교사의 월급'을 언급한다. 즉, 비용을 지불했으니 이에 상응하는 서비스를 당연히 받아야 한다고 여기는 것이다. 이런 생각이 자리 잡는다면 교육 본래의 공익적 목적은 그저 먼 별나라 이야기로 전락하고 말 것이며, 부당한 갑질이라는 현상이 나타날 것이다.

1964년 12월에 실시된 서울 시내 전기 중학교 입시에서 무즙 파동 사건이 일어났다. 사건의 발단은 자연 과목의 한 선다형 문제의 정답을 둘러싼 논쟁이었다. 엿을 만들 때 엿기름 대신 넣어도 좋은 것은 무엇인지 네 개의 선택지를 제시하며 답을 맞히라는 문제가 출제되었다. 정답은 디아스타제였으나, 또 다른 선택지인 무즙도 정답이 될 수 있다는 논란이 불붙었다. 1점에 따라 당락이 나뉘는 중학교 입시였으니 무즙을 답으로 고른 학생의 학부모들이 직접 솥에 무즙을 넣고 끓여 엿을 만들기까지 했다. 결국 법원은 디아스타제와 무즙을 포함해 모두 정답이라는 판결을 내리고, 그 문제를 틀려 불합격한 학생들이 모두 구제되었다.

대학수학능력시험에서도 평가 문항에 대한 격렬한 이의 제기 사례를 찾아볼 수 있다. 2022학년도 수능의 생명과학 Ⅱ 20번 문항에서는 출제 오류가 발생해 큰 논란이 일었다. 이 문항은 집단유전학을 주제로 두 동물 집단의 유전자형 비율을 추론하는 문제였으나, 주어진 조건을 적용하면 일부 유전자형 비율이 음수로 계산되는 상황이 발생한다. 유전자형 비율은 항상 0과 1 사이의 값이어야 하므로 이는 현실적으로 불가능한 결과를 문제로 낸 명백한 오류였다.

수험생들은 즉각 이의를 제기했으나, 처음에는 평가원이 이를 인정하지 않았다. 이는 수험생들의 법적 항의로 이어졌고, 법원은 결국 오류를 인정했으며 한국교육과정평가원장은 사퇴했다. 물론 오류가 있는 문제에 대한 사람들의 이의 제기는 정당하며 부당하게 오답 처리된 수험생을 구제하는 것은 정의롭고 마땅한 결과이다.

그러나 이 사건을 사회구조적 시각으로 바라보면 수능의 한 문제가 평가원장의 사퇴라는 중대한 결과를 초래할 만큼 대한민국 사회에서 영향력이 크다는 점은 분명히 확인할 수 있다.[2]

당시 생명과학 분야의 유명 강사, 고등학교 교사, 서울대학교 유전체의학연구소장, 스탠퍼드대학교 석좌교수 등 수많은 전문가가 이 문제에 대해 의견을 제시했고, 수험생들은 국민청원을 통해 목소리를 높였다. 이러한 반응은 한국 사회에서 입시의 압박이 얼마나 강력하게 자리 잡고 있는지를 잘 보여 준다. 만약 대학 입시 결과가 개인의 인생에 큰 영향을 미치지 않는 나라였다면 이 정도로 뜨거운 논란은 일어나지 않았을지도 모른다. 하지만 교육열과 입시 경쟁은 여전히 우리 사회 안에서 그 무엇보다 중심에 자리 잡고 있다.

이미 부富를 이룬 사람들은 자손에게 부를 물려주기 위해 교육에 열을 올리고, 아직 부를 이루지 못한 사람들은 교육을 통해 사회적 계층을 뛰어넘으려는 꿈을 꾸는 것은 자연스러운 일이다. 이러한 맥락에서 동서고금을 막론하고 사람들은 가진 것을 지키거나 가지지 못한 것을 얻기 위해 교육을 수단으로 삼는 경향을 보여 왔다. 명문 대학교 진학과 학위 취득에 목을 매는 현상은 결코 새롭게 등장한 사태가 아니며 시대를 초월한 보편적인 욕망의 표현이라 할 수 있다. 이러한 인간의 본성을 비판하기에는 나 자신도 부끄러운 점이 많다.

하지만 욕구를 성취하는 과정과 그 결과를 누리는 순간에도 경계해야 할 점이 있다. 치열한 경쟁 속에서 목표 달성에만 몰두하다 보면 때로는 부적절한 수단마저 정당화하며 양심의 목소리를 외면하고 싶은 유혹에 빠지기도 한다. 또한 자신이 이룬 성취를 누리는 과정에서 타인과의 보이지 않는 심리적 거리나

우월감을 느끼는 경우도 있다. 이런 마음은 자칫 상대를 존중하는 태도나 인간으로서의 동등한 가치를 간과하게 만들 수 있다.

바로 이 지점에서 인간성의 상실이 시작된다. 나만의 성취를 정당화하는 태도는 결국 타인의 권리를 침해하는 행동으로까지 이어질 수 있다. 이는 공교육이 점점 서비스처럼 변해 가는 현실과 맞물리면서, 갑질이라는 이름의 사회적 현상으로 드러난다.

내가 낸 세금이 당신 월급이야

중요한 점은 무엇을 얻기 위한 교육이 아무리 과열되더라도 인간성의 상실을 초래하는 만행이 저질러져서는 안 된다는 것이다. 그러나 요즘 이러한 상실감을 불러일으키는 사건들이 속속들이 언론을 통해 드러나고 있다. 특히 갑질을 행사하는 주체가 어른에서 아이로 점차 확대되는 상황에 우려하지 않을 수 없다.

한 예로 아파트 경비원 A씨는 11세 초등학생에게 차량 통행이 많아 위험한 아파트 입구 대신 다른 곳에서 놀라고 말했으나, 그 학생은 경비원에게 욕설을 퍼부었다. 지나가던 40대 행인이 어른에게 반말하는 태도를 지적하자 이 초등학생은 가방에서 흉기를 꺼내 행인을 찔렀다. 인근을 지나던 주민이 이를 신고하자 학생의 친구들은 행인에게 폭행을 당했다고 진술했으며, 흉기를 든 학생은 아동학대로 고소했다고 전해졌다.

경비원에 대한 주민 어른들의 갑질은 종종 들어 왔지만, 초등학생이 경비원을 함부로 대하는 모습은 좀처럼 보기 힘든 일이다. 이처럼 공교육이 예의와 존중의 가치를 가르치지 못하고 실생활에서 점차 맥을 못 추는 이유는 인성 교육이 이루어지지 못해서이다. 이러한 갑질은 교권 침해로 이어질 수 있으며, 학교급이 높아질수록 신분 상승의 수단으로 교육이 이용되는 현실이 이러한 문제를 더욱 심화시킨다.

학벌과 학력에 따른 임금 격차가 점점 더 확대되는 것이 너무나 당연시되는 냉혹한 현실에서, 교육의 본질이 훼손되고 있는 것은 아닐까? 교육의 본질이 훼손되면 학교폭력조차 제대로 근절할 수 없다. 학교폭력에 대한 조치 사항을 학교생활기록부에 남기지 않기 위해 결사적으로 저항하는 모습을 목격하기도 했다.

앞서 언급했듯이 일부 시민들은 세금을 납부하는 것을 근거로 공공기관 종사자들에게 터무니없는 요구를 하며 자신의 태도를 정당화하기도 한다. '내가 낸 세금으로 당신 월급이 지급되니, 나의 이런 요구는 당연히 감수해야 한다'는 잘못된 권리 의식이 갑질을 낳는다. 이 태도는 학교 현장에서도 여실히 드러난다. 수업재료를 소중히 아껴 쓰도록 지도했을 때 어느 학생이 "엄마가 이건 다 우리가 낸 세금이라고 하던데요? 우리가 낸 세금이니까 버리든 말든 우리 마음대로 써도 되는 거 아니에요?"라는 말로 교사의 인성 지도에 아무런 거리낌 없이 답했다는 이야기가 떠오른다.

한 명의 국민으로서 그리고 교육자로서 대한민국이 자랑스럽기도 하고, 우리 사회에 대한 자부심과 감사함도 크다. 그러나 더 나은, 더 행복한 사회를 위한 변화가 필요하다. 4차산업혁명의 시대 속에서 갑질 사회에 굴복하지 않고 21세기형 공교육의 가치를 실현할 수 있는 버팀목이 마련되어야 한다. 교사를 꿈꾸는 사람이라면 누구나 영화 〈죽은 시인의 사회〉를 한 번쯤 접했을 것이다. 이 영화에서 웰튼 아카데미의 키팅 선생님은 입시 열풍으로 숨 막히는 분위기 속에서 독특한 수업 방식을 통해 학생들에게 시詩와 삶의 의미를 되새기게 한다.

만약 키팅 선생님이 우리나라의 명문 고등학교에 부임했다면 어떤 평가를 받았을까? '공부보다 더 중요한 가치를 찾게 하는 나쁜 교사,' '입시에 도움이 되지 않는 것을 가르쳐 자식의 앞길을 가로막는 나쁜 교사'로 남을 수 있을까? 아니면 결국 학부모들의 항의에 부딪혀 문제 풀이만을 가르치는 '착한 교사'의 길을 걸을 것인가?

오늘날 교사들은 선택의 기로에 서 있다. 교육을 위협하는 것들에 대해서 '착한' 말과 '착한' 행동만을 보이며 평탄한 교직의 길을 선택할지, 아니면 학생들에게 진정한 배움의 가치를 전하는 길을 고집하는 '**나쁜 교사**'가 될지.

5
나는 착한 교사가 되길 포기한다

착하다의 의미

"선생님은 친구들 사이에서 일어난 문제를 다룰 때 무서워 보이지만, 평소에는 착한 것 같아요." 영희가 담임 선생님을 향해 불평했던 순간이었다. 나는 그 말에 웃으며 답했다. "진지한 상황에서는 진지해야 하지 않겠니? 선생님도 안 무서운 사람이 되고 싶어. 네가 말하는 착한 선생님 말이야." '착하다'는 본래 곱고 어질다는 의미가 있지만, 일상에서는 여러 상황에서 사용된다. 예를 들어 영희가 말한 '착한 선생님'은 내가 부드럽고 온화하길 바라는 마음에서 나온 표현이다. 이는 '무섭다'의 반의어로 사용되며, 심리적 안정이라는 '이로움'을 동반한다.

또 다른 사례는 진숙이의 고민이었다. "선생님! 3반의 대현이는 얼굴이 착해서 좋아요"라며 친구에 대한 감정을 털어놓았다. 진숙이에게 '착하다'는 '외모가 보기에 좋다'는 뜻이다. 이는 일종의 시각적 좋음을 수관적 '이로움'으로 전환하는 표현이다. 하지만 착하다는 부정적 의미로 쓰이기도 한다. 어느 날 진형이가 영미에게 '몸매가 착하지 않다'라는 발언을 망설임 없이 내뱉은 적이 있었다. 이 표현은 '보기 좋다'는 의미를 넘어서, 불쾌감을 유발하는 성적 뉘앙스를 내포하고 있었다. 물론 이런 상황에서는 따끔한 주의가 따라야 한다.

위의 사례에서 보았듯이 '착하다'는 단순히 긍정 표현만은 아니다. 우리는 일상 속에서 '가격이 착하다'는 표현을 접하기도 한다. 여기서는 값이 저렴하다는 것을 넘어 가성비가 좋다는 뜻도 담겨 있다. 이는 나의 이로움이나 내가 느끼는 편리함과 행복에 맞춰 사용된다. 결국 '착하다'는 곱고 어질다는 본래의 뜻보다 나에게 이로운 감정을 준다는 의미로 이해할 수 있어, 맥락에 따라 그 의미가 긍정적일 수도, 부정적일 수도 있다.

체벌로 자란 아이들, 교사와 학부모로 만나다

"선생님, 뉴스 봤어요? 어떤 학생이 선생님을 때렸대요." 하루를 기분 좋게 시작하려던 순간 아이의 말이 어딘가 마음을 내려앉게 했다.

학생의 입을 통해 전해진 그 사건은 낯설고 무겁게 다가왔다. 선생님에게 그런 말을 전하는 건 아이들 나름의 위로였을까. 나는 감정을 드러내지 않으려 어색하게 웃었다. "선생님은 그런 뉴스 보면 기분이 어떠세요?" 원치 않던 질문이었지만, 아이의 얼굴에는 진심이 담겨 있었다. 쉽게 말을 잇지 못하고 다시 한 번 웃음으로 반응했다.

교사가 학생을 제대로 지도하기 어려운 현실에 대한 회의감이 스쳤다. 동시에 지금 내 반 아이들과 학부모는 비상식적이지 않다는 사실에 마음 한쪽이 씁쓸하게 놓였다. 솔직히 나는 여태껏 '운'이 좋았다. 침묵을 걷고 힘을 내어 말했다. "당연히 아주 잘못된 일이야. 선을 넘은 거지. 선생님도 그 소식 듣고 힘이 빠졌단다."

"저도 그렇게 생각해요. 세상이 말세네요." '말세'라는 단어에 어쩐지 웃음이 났다. 아이가 어른의 말을 흉내 낼 때 나오는 어설픈 진지함 때문이었을까. 우리 모두 소리 내 웃었다. 그날은 평소 장난을 치던 아이들도 조용했다. 누군가 조금이라도 떠들면 다른 아이들이 먼저 나섰다. "야, 오늘 선생님 기분 안 좋으셔. 조용히 좀 해." 아이들의 눈치와 배려에 마음이 풀렸다. 이런 날들이 쌓이면 세상 곳곳의 어두운 소식도 내 반 교실만은 비껴갈 수 있을 것 같은 착각이 든다.

하지만 교사가 학생에게 폭행당한 사건은 교육자라면 누구든 겪을 수 있는 현실이 되었다. 이는 단순한 개별 사건이 아니라 우리 사회가 함께 들여다보고 마주해야 할 문제다. 폭력을 당한 교사의 기억 속에서 그 일이 외롭게 표류하지 않기를, 시간이 흘러도 사건이 갖는 사회적 무게가 가벼워지지 않기를 바란다. 교육의 문제는 사회의 문제와 떼려야 뗄 수 없는 관계에 있고, 방치하다간 눈덩이처럼 불어나는 악영향과 마주하게 될 것이 뻔하다.

불현듯 경기도로 첫 발령을 받았던 해가 떠올랐다. 나를 매섭게 바라보는 학부모의 시선과 날카로움이 묻은 목소리가 생생하게 느껴진다. 자식에게 소리를 친 선생님에 대한 항의가 고스란히 담긴 학부모의 질문. 그 질문은 겉뜻과 속뜻이 다른 형태로 다가왔기에 더 뇌리에 박혔다. "선생님은 교육자로서 교육이 무엇이라 생각하나요?"

중학교 시절 두발 검사란 이름 아래 펼쳐지던 풍경은 지금도 불쾌한 정물화처럼 기억 속에 남아 있다. 그날도 평소처럼 수업이 진행되고 있었고, 교실은 조용히 책장을 넘기는 소리만으로 가득 찼다. 그런데 문이 갑자기 열리고 체육복 차림의 선생님이 가위 한 자루를 손에 들고 들어왔다. 웃고 있었지만, 그 웃음이 전하는 메시지는 단호했다.

학생들이 멀뚱히 선생님의 얼굴을 바라보는 사이 규정보다 머리 길이가 긴 아이들이 선생님의 눈에 띄었고, 곧바로 그 아이들의 머리칼에 가위가 닿기 시작했다. 나 역시 그 대상에 포함되었다. 종잇장이 잘리듯 머리칼이 잘릴 때 나는 묘한 서늘함을 느꼈다. 머리가 삐뚤빼뚤해지며 교실 바닥엔 머리카락이 쌓여 갔고 교실 허공엔 수치심이 둥둥 떠돌았다.

머리칼을 자르는 것만으로는 부족했는지 엎드려뻗쳐를 명령 받고 엉덩이를 맞았다. 지금 와서 생각하면 교사의 웃음과 가위질 사이에 존재했던 권력은 일종의 순응된 공포였다. 그것은 한 학생의 외모만이 아니라 자존감까지 절단 내고 있었지만, 그 누구도 선을 넘었다고 말하지 않았다. 우리 모두가 침묵했기 때문에 그 장면은 당연한 일로 받아들여졌다.

만일 그날의 일이 오늘 다시 벌어진다면 어땠을까? 아마 영상으로 찍혀 SNS를 타고 확산될 것이며, 선생님은 곧 사과문을 발표하거나 교단을 떠나야 할지도 모른다. 그러나 그 시절엔 누구도 묻지 않았다. 왜 우리들은 책상 위에 고개를 숙이고 있어야 했는지를. 맞고 자란 세대였다며 스스로 그 기억을 무마하려 했지만, '사랑의 매'와 '폭력'의 간극은 그 행위를 겪은 자의 몸에 새겨지는 법이다. 신이 인간에게 망각이라는 선물을 주었어도 그 선물의 축복이 비껴가는 예외도 있는 것일까.

여전히 지금도 다른 극단의 풍경이 펼쳐지고 있다. 교사 폭행, 교권 침해, 교실 붕괴라는 단어들이 기사로 쏟아진다. 과거의 교육이 엄혹한 권위로 기울었다면, 현재는 교사의 권위가 무력해진 풍경 속에 놓여 있다. 한때 뺨을 문지르며 울음을 삼키던 아이들이 있었고, 그 아이들이 자라 일부는 교사가 되고 일부는 학부모가 되었다.

폭력의 기억을 안고 자란 세대는 선생과 학부모로 만나 학생을 사이에 두고 마찰하고 있다. 과거를 망각하지 못하는 사람들이 가진 교육에 대한 불신이 쉽게 사그라들지 않아서였을까. 이 세계에서는 옛날과 날리 학생은 교사를 때리고, 교사는 현실에 순응하며 자존감이 절단된다. 교육은 교사와 학생 어느 한쪽의 권리가 짓밟혀서는 이루어질 수 없다. 즉, 교권과 학생 인권은 대립의 문제가 아니다. 그러나 지금의 사회는 마치 그래야 한다는 듯이 교권과 학생 인권의 대립 관계 속에서 그 균형을 잃고 양극단을 오가는 진자처럼 흔들리고 있다.

내 자식 지상주의 속 착한 교사

교권 추락과 교실 붕괴는 어느 날 갑자기 일어난 파열이 아니다. 사회구조와 시대적 인식의 흐름 속에서 서서히, 그러나 분명하게 진행된 침식이다. 내가 겪은 체벌 경험을 구체적으로 소환한 것은 단지 기분 나빴던 경험을 소개하기 위해서가 아니다. 교권의 몰락이 어디서 비롯되었는지를 가늠하고, 교사가 짊어지고 있는 중압감의 실체를 바라보기 위해서다. 교사, 학생, 학부모는 교육이라는 하나의 생태계 안에 공존한다. 이들 사이의 신뢰와 존중이야말로 교육의 지속 가능성을 떠받치는 바탕이지만, 지금 그 토대는 무너지고 있다.

맞으며 자란 세대는 공교육을 쉽게 신뢰하지 못하고, 귀한 자녀를 지키려는 마음에 전인적 성장에 어긋난 요구도 서슴지 않게 되었다. 여기에 공교육이 '서비스'처럼 여겨지면서 학부모와 학생은 교육을 공공의 가치보다 상품으로 받아들이고, 교사는 점점 서비스 제공자로 취급받게 됐다. 그 결과 교육 현장은 '착한 교사'만을 기대하는 분위기 속에서 위태로운 입장에 서게 되었다.

여기서 말하는 '착한 교사'란 도덕적 미덕을 지닌 교사, 열정을 가진 훌륭한 교육자가 아니다. 학생과 학부모에게 당장의 유익을 제공하거나, 최소한 그렇게 보이는 교사를 뜻한다. 반대로 '착하지 않은 교사'는 눈앞의 결과를 보장하지 못하거나, 불편한 진실을 말하는 이들이다. 이처럼 '이로움'이라는 기준이 교육의 가치를 판단하는 잣대로 전락하면서, 교사는 평가받는 존재로만 남게 되었다.

동수는 짓궂은 장난으로 늘 지현이의 신경을 긁었다. 성적인 농담을 하거나 지현이의 물건에 그림을 그리는 방식으로 괴롭힘을 이어 갔다. 장난이라기에 지나친 부분이 분명 있었다. 수차례 따끔한 지도를 했고, 부모와의 상담도 병행했지만 동수의 태도는 쉽게 바뀌지 않았다. 그러던 어느 날 사건이 터졌다. 복수심으로 가득 찬 지현이가 갑자기 동수의 엉덩이를 발로 찼다. 진심을 담아 친구를 때려 본 적이 없던 지현이의 소심한 발차기였다. 동수는 아무렇지도 않다는 듯 웃으며 말했다. "하하하, 이게 발차기냐? 우리 엄마한테 말해야겠어."

수업 후 동수 어머니에게 연락을 해 경위를 설명했으나, 반응은 예상과 달랐다. 지현이에 대한 비난이 쏟아졌다. 어머니 역시 평소 동수의 짓궂은 행동을 알고 있었음에도 상황의 맥락은 지워지고 '폭력'이란 단어만 강조되었다. "학교에서 뭘 배웠길래 아이를 발로 차냐고요? 이건 명백한 학교폭력 아닙니까?" 지현이의 행동은 물론 잘못이다. 기습적인 공격은 예측 불가능한 사고로 이어질 수 있고, 분노에 휘둘린 판단은 피해자를 가해자로 바꿔 놓을 수 있다. 상담 중 울음을 여러 번 터뜨렸던 지현이를 떠올리며 나는 차마 침묵할 수 없었다.

"어머니, 동수의 장난으로 지도한 건이 기록만 해도 일곱 건입니다. 그중 몇몇은 성희롱으로 접수될 사안이기도 했습니다. 지현이는 그럼에도 동수의 변화를 믿고 참았습니다." 그러나 나의 설명은 '가해자를 두둔하는' 말로 오해받았다. 책임에 대해 이야기할 때 진실은 종종 외면당한다. 그날의 통화는 오래도록 마음에 남았다. 입을 연 것이 과연 옳았을까. 교사는 자주 가해자와 피해자라는 두 범주 사이에 낀다. 가해자 부모는 아이를 지키려 수비수처럼 나서고, 피해자 부모는 더욱 강한 처벌을 요구한다.

그 사이에서 담임은 때론 양쪽의 민원을 모두 감당해야 한다. 바로 그때 교사가 가장 자주 듣는 말이 있다. "선생님이 우리 애를 지켜 주셔야죠. 선생님으로서 어떻게 그럴 수 있어요?" 나는 이 말을 다시 해석한다. "선생님은 착하지 않아요." 즉, "선생님은 제게 이로운 결과를 만들어 주지 않았어요(왜 그런 결과가 나왔는지에 대한 합당한 이유는 눈에 들어오지 않아요)."

이 지점에서 우리 사회가 걸어온 두 가지 맥락을 짚어 볼 필요가 있다. 하나는 현재 학부모 세대가 겪은 교육 환경이고, 다른 하나는 저출생 사회의 현실이다. 이 두 맥락은 학부모가 교사를 불신하고 조금이라도 자기의 자녀가 불이익을 당한다고 생각하면 교사에게 득달같이 달려드는 까닭을 이해할 수 있는 배경을 제공한다.

먼저 많은 학부모가 학생 시절 부당한 체벌과 권위적인 교육을 경험한 세대다. 당시엔 학생의 인권에 대한 이해와 존중이 지금보다 현저히 부족했다. 과거 학교에서 받은 상처는 시간이 흘러도 쉽게 지워지지 않는다. 긍정보다 부정에 더 민감하게 반응하는 뇌의 특성, 즉 부정성 편향negativity bias은 이 불신을 더욱 공고히 만든다. 사람은 자신의 경험을 바탕으로 판단을 내리기에, 지금 학교가 아무리 달라졌더라도 어떤 학부모는 여전히 '내 아이는 내가 지켜야 한다'며 학교를 향한 불신의 갑옷을 벗지 못한다.

또 선진국이 겪게 마련인 저출생 현상에 따른 내 자식 지상주의도 교육 신뢰를 흔드는 하나의 요인이다. 1979년 중국의 1가구 1자녀 정책 이후 부모의 과보호 속에 소황제 세대가 자란 것처럼, 우리 사회에도 단 하나뿐인 자녀를 금이야 옥이야 키우는 문화가 스며들었다. 체벌을 겪으며 자란 세대가 교육을 불신하고, 저출생 속에서 자녀를 지나치게 감싸게 되는 흐름은 결코 우연이 아니다. 이는 교사에 대한 신뢰를 약화시키고 때론 적대감마저 유발하는 사회적 토대가 된다.

교육 서비스, 이율배반적 단어 조합[1]

"선생님, 왜 공부를 해야 해요?" 매년 학생들이 던지는 질문이다. 주로 암기나 글쓰기 과제를 낸 후 자주 듣는 이 질문은 그동안 해 왔던 고민을 상기시킨다. 사람의 사고는 시시각각 변한다. 어제의 답이 오늘은 달라질 수 있고, 같은 질문이라도 시기와 환경에 따라 다른 의미를 지닌다. 그럼에도 이 물음에는 늘 깊은 숙고가 필요하다. 하지만 나는 즉답을 피한다. 대신 이렇게 되묻는다. "좋은 질문이야. 너는 왜 공부를 해야 한다고 생각하니?"

"돈을 벌기 위해서요, 성공하기 위해서요, 권력을 쥐기 위해서요." 제자들의 대답은 예측 가능한 것이었다. 공부가 주는 열매가 가시적이고 실용적이기 때문이다. 나는 그 적나라한 대답을 틀렸다고 부정하고자 하지 않는다. 다만 그에 앞서 '공부'라는 개념의 본질을 명확히 할 필요가 있다. 사전적 정의에 의하면 공부는 '학문이나 기술을 배우고 익힘'이다. 그 배움의 범위는 학교에서 배우는 교과목에 그치지 않는다. 유튜브에서 요리법을 배우거나, 지하철 노선도를 비교하며 최적의 경로를 찾는 것도 모두 공부의 일환이다. 타의든 자의든 우리가 세상과 마주하며 직면한 문제들을 해결하기 위해 습득하는 모든 학습이 공부다.

사람은 단순한 기계가 아닌 실존적 존재이다. 공부는 내면의 제약에서 벗어나기 위한 과정이며 자신에 대한 성장이자 예의이다. 즉, 사고의 근육을 단련하며 자신을 가꾸는 행동이다. "선생님도 나름의 답을 갖고 있지만, 이 질문에 정답은 없어. 답은 오직 네가 공부하는 과정 속에서 스스로 찾아내야 하는 거야. 그리고 지금 선생님의 답을 들어도 당장 와닿지는 않을 거야." "그러면 선생님은 우리한테 왜 공부를 가르치는 거예요?"

공부를 가르치는 것을 '교육을 한다'는 말로 치환하기에는 교육이 함의하는 바가 너무 넓다. 하지만 초등학생의 입장에서는 교육을 한다는 것이 '공부를 가르친다'라고 충분히 생각할 수 있다. 따라서 학생의 질문 범위를 약간 넓혀 스스로에게 질문한다. '나는 왜 착한 교사를 강요하는 시대에 공교육 교사의 길을 가려 하는가?'

학생들 대부분은 거의 항상 외재적 가치, 즉 돈, 권력, 명예 등에서 공부의 이유를 찾는다. 이 목적들은 당연히 공부의 결과물로 나타날 수 있지만, 교육이 단순히 이들을 이루기 위한 수단에 불과하다면 그 자체로 교육의 고유한 의미가 훼손될 위험이 있다. 교육은 시대마다 다르게 정의된다. 예를 들어 산업화 시대의 정치인은 교육을 '산업화에 필요한 일꾼 양성'으로 보았고, 중세 성직자는 '하나님의 뜻을 실현하는 것'으로 보았다. 그러나 이렇게 외재적 가치를 기준으로 교육을 이해하면, 시대 상황에 따라 교육의 의미가 왜곡될 수 있다.

누군가는 교육에 담긴 내재적 가치가 허상에 불과하다고 말한다. 그러나 나는 교육이 그 자체로 의미 있는 과정이어야 한다고 믿는다. 예를 들어 어떤 학생이 민주주의와 인권에 대한 수업을 듣고 사회에 참여하려는 마음을 가질 때 교육은 도구가 아니라 존재의 방식이 된다. 즉, 교육은 외적인 목적을 달성하기 위한 수단을 넘어 자아실현의 밑거름이 되는 성장의 과정이다. 이는 교육의 규범적 정의로 교육을 통해 내재적 가치를 실현하는 것이 목적이다.

그러나 교육을 정의하는 과정에서 다양한 관점은 교육의 정의가 고정되어 있지 않음을 알려 준다. 교육의 본질은 교육을 정의하는 주체에 따라 달라질 수 있기 때문에 각자의 정의를 정당화하려 한다. 교육을 수단으로 보는 기능적 정의도 하나의 중요한 관점이다. 그러나 교육은 단지 가시적인 성과를 위한 수단에만 머무는 것이 아니라고 믿고 싶다. 교육을 통한 학생의 변화는 복잡다단하다. 눈앞의 문제를 바라보는 안목을 교육으로 현명하게 바꾸어 놓을 수도 있다.

"네가 말하는 돈, 권력, 명예는 당연히 교육의 목표가 될 수 있어. 하지만 교육은 그 자체로 중요한 과정이야. 목표에 도달했을 때 그 과정에서 얻은 경험과 정신적 가치는 너희의 삶에 지속적인 영향을 미칠 거야. 기차가 목적지에 도달했다 하더라도, 철길을 없애버리면 될까? 그리고 철길을 달리는 기차 속에서 보고 듣고 해봤던 일들이 의미가 없는 걸까?'

'나는 왜 착한 교사를 강요하는 시대에 공교육 교사의 길을 가려 하는가?'라고 다시 묻는다. 물질적 풍요를 누리는 현대사회에서는 모든 관계가 수요자와 공급자로 풀이되고 있다. 서비스 제공자는 이윤을 남기기 위해 고객의 '니즈needs'를 살피고 최적의 서비스를 제공한다. 니즈에 바탕이 되는 가치관은 검토하지 않는다. 단지 들리는 대로 수용할 뿐이며 그에 따라 카멜레온처럼 경영 방식을 바꿔 나간다. 이러한 세상의 흐름에 편승해 교육조차 일종의 서비스란 말로 치환되고 있으며, 군데군데 드러나는 무분별한 니즈가 '착한 교사'를 요구하는 사회를 만들어가고 있다. '착한 교사'라는 사회적 니즈는 학생들이 점점 타인의 입장에 대해 고려할 여지를 없게 만든다.

하지만 과연 교육이 서비스로 환원될 수 있는 것일까? 교육과 서비스는 본질적으로 양립 가능한 개념인가? 서비스란 결국 '이익'을 중심으로 작동하는 체계다. 수요자의 만족과 공급자의 수익, 그 사이에는 철저한 이해관계가 놓여 있다. 그리고 이 구조 속에서 성과는 가시적인 수치로 환산될 수 있어야 한다. 교육에서는 그 수치가 바로 '성적'이다. 반면 교육은 '성장'을 지향한다. 성장은 단기간의 지표로 환원되지 않으며, 수치로 정확히 계산할 수도 없다. 한 아이의 내면이 확장되고, 타인을 이해하고, 공동체 안에서 더불어 살아가는 감각을 배우는 일은 니즈에 따라 휘둘릴 수 없으며, 서비스로 포장될 수 없다.

그래서 나는 교육을 서비스로 포장하려는 흐름에 끝까지 의문을 품고자 한다. 그리고 이 시대가 외면하려 하는 성장이라는 본질에 집중하려 한다. 물론 성장 속에는 자아를 형성하는 데 필요한 기초적인 학습도 포함되어 있다. 공교육은 여전히 성장의 가능성을 품고 있는 공간이며, 나는 그 안에서 아이들과 함께 버티고, 살아남고, 의미 있는 변화를 만들어 가려 한다. 그것이 비록 '착하지 않은 교사'의 길일지라도 말이다.

6. 착한 교사로 길들이는 교원평가
7. 구성주의 교육과 주간학습안내
8. 리바이어던과 교육자
9. 지식이냐 경험이냐
10. 인공지능 시대의 교사

II 나쁜 교사의 고민

6
착한 교사로 길들이는 교원평가

위력 발휘하는 인신공격적 문장

교사로 부임한 지 얼마 되지 않았을 무렵 교원능력개발평가 업무를 맡았다. 그즈음 한 선배 교사와 나눈 대화가 오래도록 기억에 남는다. "선생님, 교원능력개발평가 결과 보셨어요?" "아, 저는 일부러 안 봐요." 평가 결과를 보지 않는다는 말이 꽤 놀라웠다. 누구나 자신에 대한 평가가 궁금할 법하고, 교사라면 피드백을 수용하며 발전하려는 자세가 필요하다고 생각했기 때문이다. 더욱이 그 선생님은 항상 수업 준비에 성실하고, 학생 교육에 열정을 쏟는 분이었다. 평가 결과가 나쁠 리 없다고 여겼기에 오히려 평가에 무관심한 듯한 반응이 의아하게 느껴졌다.

들려온 이야기로 그 선생님은 과학 전담교사로 근무하며 실험실 안전에 대해 엄격하게 지도를 해 왔다고 한다. 반복적으로 안전 수칙을 어기는 학생들을 단호하게 지도했고, 이로 인해 일부 장난꾸러기들 눈에는 그 선생님이 '혼내는 교사', '무서운 선생님'으로 비쳤다. 선생님에게 주의를 받았던 학생들은 앙심을 품고 자신의 행동은 돌이켜 보지 않은 채 분노 섞인 욕설과 상처 주는 표현들을 교원능력개발평가 설문지에 매년 적어 내었다.

사실 교사 입장에서는 실험을 생략하거나 대표 실험만 진행하고 관련 영상을 보여 주는 편이 훨씬 안전하고 마음 편한 길이다. 하지만 그 선생님은 안전사고 위험을 감수하면서도 학생들이 실험을 통해 생생하게 배우길 바라는 마음으로 정성껏 수업을 준비했다. 그런 노력이 결국 욕설과 비난으로 돌아왔다는 사실은 씁쓸하고 안타깝다.

과학실에는 위험 요소가 곳곳에 깔려 있다. 시험관이 깨지며 유리 파편이 튈 수 있고, 화학약품이 피부에 닿거나 눈에 들어갈 위험도 있다. 전기회로 실험에서는 누군가 장난으로 전류가 흐르는 집게를 입에 대거나, 피복이 벗겨진 전선을 젖은 손으로 만지는 일도 발생할 수 있다. 학생의 입장에서는 혼이 나서 속상할 수 있지만, 그렇다고 굳이 선생님에게 욕을 해야 했을까.

체육시간마다, 발야구나 티볼 경기 중 수비 위치를 이탈해 친구들과 수다를 떠는 학생들에 대한 불만이 자주 터져 나왔다.

피구를 할 때에도 일부 학생이 일부러 공에 맞아 탈락한 뒤 경기를 외면하고 친구들과 모여 잡담하는 모습은 열심히 참여하는 학생들의 의욕을 꺾는다. 나는 이 문제를 바로잡기 위해 수업 내내 학생들과 충돌했다. 학생의 본분과 공동체의 질서를 강조했으며, 때로는 경기를 중단하고 반성의 시간도 가졌다. 하지만 내 말은 아이들에게 아무런 울림도 주지 못했고, 오히려 반항심만 더 키운 듯했다. 나는 열정은 넘쳤지만 냉정함과 유연함이 부족했다. 규칙과 원칙을 강조했고 법적 근거까지 들어 가며 당위성을 설명했지만, 지금 돌이켜보면 아이들의 마음을 얻기에는 미숙한 접근이었다.

그해 2학기 교원능력개발평가 결과를 확인한 날을 잊을 수 없다. 한 해 동안 맡았던 250명 가까운 학생에게 많은 격려의 말을 받았다. 땡볕 속에서 시범을 보이며 열심히 설명해 줘서 고맙다는 말, 칠판 없는 운동장에서 바닥에 그림을 그려 가며 설명하는 모습이 좋았다는 응원의 글도 있었다. 그러나 나의 진심이 전해졌다는 뿌듯함도 잠시, 시선을 붙잡은 몇 개의 문장이 있었다. 친구 사이에서나 쓸 법한 욕설이 담긴 학생의 평가, '교육자로서 자질이 의심스럽다'는 학부모의 글은 나를 깊이 주저앉혔다. 노력과 애정을 쏟아부은 결과가 모욕으로 돌아온 것이다. 그날 이후 일주일 동안 의욕을 잃은 채 수업을 이어가야 했다. 왜 수많은 긍정적인 평가 가운데 다섯 개 남짓한 인신공격성 응답이 머릿속을 맴도는 걸까.

전담교사는 교원능력개발평가에서 담임교사보다 불리할 수밖에 없다. 담임은 온종일 아이들과 함께하며 친밀한 관계를 유지할 수 있다. 담임교사가 그간 교육자로서의 품행을 잘 지켰다면 학생은 꾸지람 속에도 선생님의 마음을 읽을 수 있지만, 전담교사는 수업이 끝나면 학생들을 보내고 곧바로 다음 반 수업을 진행해야 한다. 방과 후 상담을 시도하려 해도 대부분 학생은 학원 일정 때문에 시간을 맞추기 어렵다.

익명으로 이루어지는 평가였지만, 문장 속 말투와 표현에서 글쓴이를 어느 정도 유추할 수 있어 더욱 고통스러웠다. 겉으론 아무 일 없는 듯 수업을 이어갔지만, 특정 학생을 바라보며 마음을 추스르는 데 오랜 시간이 걸렸다. 그제서야 평가 결과를 일부러 보지 않는다는 선생님의 말이 이해되었다.

익명성, 무책임이라는 면죄부로 악용

교원을 평가하는 제도는 크게 두 가지 성격으로 구분된다. 하나는 교원의 성과를 평가하는 것으로 '근무성적평정'과 '성과상여금평가'가 이에 속하고, 다른 하나는 전문성을 평가하는 '교원능력개발평가'다. 교원능력개발평가는 2010년부터 전국적으로 시행되었으며, 수업 및 학생 생활지도의 전문성을 진단하고 향상시키기 위해 도입되었다.

교원능력개발평가는 동료교원평가, 학생만족도조사, 학부모 만족도조사로 구성되며, 학습지도(수업 준비, 수업 실행, 평가 및 활용)와 생활지도(개인 생활지도, 사회 생활지도) 영역을 중심으로 이루어진다. 학생은 초등학교 4학년부터 학생만족도조사에 참여하고, 동료교원평가는 3인 이상의 동료에 의해 수행된다. 하지만 기존 교원평가 제도는 2023년에 유예되었고, 2024년 교육부는 해당 제도를 폐지했다. 교사의 전문성을 신장하고, 공교육에 대한 신뢰를 회복하도록 도입한 제도를 왜 폐지하였을까? 그 이유엔 사연이 있었다.

2022년 한 고등학생이 교원평가의 서술형 문항에 교사를 성희롱 표현으로 응답했다.[1] 언론에 보도된 표현을 그대로 옮기기 망설여질 정도로 해당 발언은 수위가 높다. 익명성 보장이 원칙이므로 서술형 문항을 누가 작성했는지는 전혀 알 수 없다. 선생님은 이에 대한 게시물을 자신의 SNS에 올렸다. 해당 학생이 퇴학 처분을 받는 것으로 사건이 일단락되는 듯했다. 그러나 피해 교사는 교육청 감사실로부터 전교조(전국교직원노동조합) 소속 여부, 공론화의 의도, 언론 접촉 여부 등을 추궁받았다. 감사실은 SNS를 통한 공론화는 공무원 품위 유지 위반, 공무상 비밀 누설에 해당하니 앞으로 조심하라는 경고까지 했다.

더욱 유감스러운 점은 피해 교사를 감사한 사실이 언론에 보도되자 교육청이 거짓 해명을 했다는 것이다. 교육청 관계자는 '전교조와의 연관성이나 언론사 접촉 여부 등을 묻지 않았다'고

해명했지만 이후 해당 교사의 녹취록 원본이 공개되면서 거짓으로 드러났다. 녹취록에는 감사실 관계자가 교사에게 전교조와의 연관성, 언론사 접촉 사실 여부를 질문하는 내용이 포함되어 있었고, 온라인에 게시되어있던 교육청의 해명 자료는 그 직후 삭제되었다.[2] 이 사례는 교사의 인권을 보호하고, 교육 활동을 지원해야 할 교육청이 오히려 교사에게 심리적 부담을 가중시키고, 2차 가해를 일으킬 수 있는 구조적 문제를 드러낸다. 평가 과정에서 발생한 부당한 상황을 바로잡기 위해 목소리를 낸 교사가 제도의 허점 속에서 상처받고 위축되는 현실은 시사하는 바가 크다.

물론 익명으로 평가를 시행하면 누구의 눈치도 보지 않고 자유롭게 자신의 의견을 작성할 수 있다. 그렇기에 실질적인 평가가 담보되려면 어느 정도의 익명성은 보장되어야 한다. 하지만 그 익명성이 '무책임'을 허용하는 면죄부가 되어서는 안 된다. 익명이라는 보호막 뒤에서 교사에게 상처를 입히고도 누구도 책임지지 않는 구조는 분명히 문제다. 평가자는 자유롭게 말할 권리가 있지만, 동시에 말에 대한 책임 또한 져야 한다. 이는 교사의 인권을 보호하는 최소한의 안전장치다. 따라서 익명성이 보장된 평가라고 해도 상식적으로 인권의 기준을 넘는 표현은 사전에 차단되어야 한다. 아무런 제한 장치 없이 이루어지는 익명 평가는 늘 수동적이고 방어적인 자세만 취하는 '착한 교사'를 양성할 뿐이다.

학부모만족도조사도 구조적인 한계를 안고 있다. 학부모는 대부분 자녀를 통해 교사에 관한 정보를 제한적으로 얻을 수밖에 없다. 이 때문에 학생의 의견이 학부모의 평가에 그대로 반영되는 경우가 많다. 이로 인해 학생만족도조사와 학부모만족도조사에서 평가 결과가 중복되어 나타나 객관성과 신뢰성이 떨어진다. 그 외에도 교원능력개발평가 제도에는 다양한 개선 과제가 존재한다. 교육부 자료에 따르면 동료평가의 경우 온정주의나 관대화 경향이 나타난다는 점도 문제점으로 꼽혔다. 또한 현장 교원에게 필요한 역량과 평가 지표 간의 불일치 문제도 지적되었다.

평가 지표를 조정하거나 평가 기준을 정비하는 등의 문제는 제도 개편을 통해 개선할 수 있다. 그러나 단순히 규정이 불합리한 것과 교사의 기본적 인권을 위협하는 상황은 분명히 구분되어야 한다. 업무상의 불편함은 개인이 받아들일 수 있는 문제일 수 있지만, 익명성 뒤에 숨은 무분별한 표현은 교사에게 심리적 상처를 남기고 심지어 교직을 떠나겠다는 결단까지 내리게 만든다. 교사의 전문성 향상을 위한 제도가 오히려 교사의 인권을 해치는 방식으로 작동해서는 안 된다.

교사의 성장이 학생의 성장

기존의 교원능력개발평가가 사라지고 교육부는 이를 대체할 새로운 제도로 '교원역량개발지원제도'[3]를 마련했다. 이 제도는 2026년부터 전면 도입될 예정이다. 새로운 제도의 눈여겨볼 변화 중 하나는 기존의 학생만족도조사가 학생인식조사로 전환된다는 점이다. 기존 조사가 교사의 교육 활동에 대한 학생의 만족도를 묻는 것이었다면, 새롭게 도입될 조사는 교사의 수업을 통해 얻은 배움과 성장의 변화를 스스로 어떻게 인식했는지를 묻는 데 초점을 둔다. 즉, 단순한 감정 평가가 아니라 학생 본인의 성찰을 중심으로 문항 구성을 변화하는 것이다.

[기존]	[개선]	
학생만족도조사	학생인식조사	
	핵심 교육 활동	배움과 성장 변화 요소
선생님은 수업 시간에 활발하게 질의응답을 합니다.	선생님의 질문으로	수업에 호기심이 커졌습니다.

학생인식조사 문항 개발(안)[4]

또한 교권 침해 사례가 발생했던 서술형 평가 항목은 폐지되며, 학부모조사는 개별 교사에 대한 평가가 아닌 학교 교육과정과 운영 전반에 대한 의견 제시 형태로 바뀐다. 더 나아가 교육 활동이 실질적으로 개선될 수 있도록 평가 결과는 교원에게 누적하여 제공되며, 이를 기반으로 맞춤형 연수 추천 시스템이 운영된다. 아울러 교원역량개발센터를 통해 교사의 성장을 체계적으로 지원할 방침이다.

새로운 제도가 현장에 결함 없이 안착할지는 아직 확신할 수 없다. 따라서 교원평가 제도가 바람직한 방향으로 잘 작동하는지 살펴보는 노력이 중요하다. 무엇보다 평가는 처벌하거나 줄을 세우기 위한 수단이 아니라, 교원의 성장과 성찰을 돕는 피드백이 되어야 한다. 즉, 평가 결과는 교사가 발전할 방향을 안내하는 나침반이 되어야 하며, 그 자체로 부담이나 낙인으로 작동해서는 안 된다.

학생과 학부모의 의견은 참고 자료로 존중하되, 그 타당성을 검토하여 반영하는 과정이 필요하다. 또한 수석교사가 많은 학교에 배정되어 교사교육자 teacher educator 로서의 역할을 전담하며, 수업과 교육 활동 전반을 함께 성찰하고 성장시켜 나가는 구조가 마련되면 좋을 것이다. 또한 신뢰성과 타당성을 갖춘 평가지표를 마련하는 일도 중요하다. 추상적인 '만족'보다는 학생 성장 기여도, 교육 목표 달성, 수업 참여도와 같은 구체적인 교육적 성과를 중심으로 한 지표가 필요하다.

마지막으로 교사-학생-학부모 간의 소통을 활성화해야 한다. 교육에 대한 이해 없이 이루어지는 평가는 신뢰도가 떨어진다. 따라서 담임교사는 학급 알림장 등으로 학부모와 적극적으로 소통해야 하며, 학급에서 설문 조사를 하였다면 그 결과를 공유하고 대화하는 시간이 필요하다.

우연히 유튜브에서 "커뮤니티에 올라온 '민원 없는 완벽한 선생님 되는 법'"이란 제목의 영상을 보았다. 영상에서는 한 온라인 커뮤니티에 게시된 '나는 민원 아예 없는 완벽한 교사다'라는 제목의 글을 다루었다. 해당 글의 작성자는 아이들의 흥미를 높이기 위해 열정적으로 수업을 했지만, 오히려 수많은 민원이 쏟아져 혼란을 겪었다고 한다. 거기에 더해 어느 날 교실에서 다른 아이들에게 욕을 하고 소리를 지르는 학생을 훈계하던 중 그 학생에게서 "제가 안 하면 어쩔 건데요?"라는 말을 듣고 교육 의지가 꺾였다고 한다. 그 뒤로 교사는 '완벽한(?) 교사'가 되기 위해 다음과 같은 방법을 따르게 되었다고 한다.

1. 수업을 듣지 않는 학생에게는 아무것도 시키지 않기.
2. 학부모와 상담할 때 학부모가 듣고 싶어 하는 말만 하기.
3. 아이들에게 절대 목소리를 높이지 않기.
4. 잔소리는 물론 일기와 숙제, 나머지 공부도 시키지 않기.
5. 아이들이 싫어하는 것은 하지 않기.
6. 수업은 빨리 끝내고, 쉬는 시간은 많이 주기.

교원능력개발평가의 평가 지표 가운데 '기본 생활 습관과 학교생활 적응'에 대한 항목이 있다. 이는 교사가 학생의 발달단계에 맞는 생활 습관을 들이고 품성을 형성할 수 있게 꾸준히 지도하고, 교우 관계나 학칙 준수 등 학생이 학교생활에 잘 적응하도록 지원하는지 평가하는 항목이다. 글의 내용으로 미루어 해당 교사가 교육적 의지를 가지고 적극적으로 학생을 지도하던 시기에는 이 항목에서 부정적인 피드백을 많이 받았을 가능성이 크다. 반대로 '완벽한 교사'를 목표로 태도를 전환한 이후에는 오히려 긍정적인 평가를 받았을 것이다. 선생님은 평가 결과를 놓고 어떤 생각을 했을까.

만일 내 추측이 맞다면 위 일화는 학생과 학부모의 교원평가가 교사의 교육적 성과보다는 태도나 인상에 치우친 일종의 인기 투표로 변질될 수 있음을 보여 주는 역설적인 사례라 볼 수 있다. 나는 대한민국 국민으로서 공교육의 질을 높일 수 있는 합리적인 교원평가 제도가 마련되고 안정적으로 정착되기를 바란다. 교사는 공적 존재이자 교육 전문가다. 학생의 성장을 돕기 위해 때로는 불편한 말을 해야 하며, 학부모의 기대와 어긋나는 결정을 내려야 할 때도 있다. 그러나 이러한 소신 있는 교육 활동이 '평가에서 불이익 또는 상처를 받을까 봐' 위축된다면, 결국 공교육은 왜곡될 수밖에 없다. 그 결과로 살아남는 교사는 아무 말도, 그리고 아무것도 하지 않는 '착한 교사'뿐일 것이다.

7
구성주의 교육과 주간학습안내

지식을 바라보는 관점

2023년 내가 만난 제자들은 마치 발포 비타민 같았다. 바쁜 일상 속에서도 그들은 나에게 생기를 불어넣는 존재였다. 그해 내가 맡았던 아이들은 모두 아홉 명. 대체로 조용하기보다는 활달하고 에너지가 넘쳤다. 남학생들은 운동을, 여학생들은 춤을 즐겼다. 게다가 성별에 관계 없이 저마다의 경험을 이야기하는 걸 좋아해 수업 중 지루할 틈 없이 톡톡 튀는 분위기를 만들었다.

첫 문장에서 나는 이 제자들을 '발포 비타민'에 비유했다. 얼핏 들으면 낯선 표현일 수도 있지만, 아이들의 성격과 교실의 분위기를 떠올리면 그 비유가 충분히 이해될 것이다. 비타민은 우리 몸의 다양한 기능을 조절하고 유지해 주는 중요한 물질이다. 그런데 비타민과 칼슘, 인, 나트륨 같은 무기질 사이에는 한 가지 결정적인 차이가 있다. 무기질이 단일 원소라면, 비타민은 여러 요소가 결합된 '화합물'이라는 점이다.

이 점이 바로 우리 반 아이들과 닮았다. 아이들은 각각의 개성만으로도 충분히 빛나지만, 함께 어울리며 다양한 반응을 만들어 냈고 그로 인해 형성된 따뜻한 분위기야말로 나에게 큰 힘이 되었다. 또한 비타민은 체내에서 스스로 합성되지 않기 때문에 외부에서 섭취해야 한다. 그래서 더욱 소중하고, 귀하다. 마찬가지로 교사에게도 학생은 그런 존재다. 학생이 없으면 교사도 존재할 수 없다.

발포發泡라는 말은 말 그대로 '거품이 일어난다'는 뜻이다. 어디로 튈지 모르는 아이들의 생기 넘치는 개성과 에너지는 마치 톡톡 터지는 거품처럼 내 일상에 활력을 불어넣는다. 그런 이유로 나는 나의 제자들을 발포 비타민이라 부르게 되었다. 물론 이것은 어디까지나 나의 생각이다. 나는 발포 비타민을 긍정적으로 받아들이고 그것에 제자들을 비유했지만, 모든 사람이 같은 인식을 가지지는 않았을 것이다.

누군가는 발포 비타민을 먹다 사레가 들려 중요한 순간에 민망한 경험을 했을지도 모른다. 어떤 이에게 발포 비타민은 특유의 맛으로 인해 이름만 들어도 고개를 젓는 대상일 수도 있다. 그런 이들에게는 발포 비타민이라는 표현이 오히려 의아하게 느껴질 것이다. 게다가 지나치게 진지하고 원리 원칙에 철저한 사람이라면 이렇게 따질지도 모르겠다. '비타민은 3대 영양소에 들어가지도 않고, 우리 몸에 소량만 필요한 물질 아닙니까? 그렇다면 학생은 교육에서 부차적인 존재라는 말입니까? 조금만 있어도 된다는 뜻입니까?'

이런 반응이 과하다고 느껴질 수도 있겠지만, 세상은 생각보다 요지경이다. 모든 표현은 누군가에게는 따뜻한 비유가 될 수 있지만, 또 다른 누군가에게는 불편한 해석으로 다가올 수 있다. 심지어 한술 더 떠서 평소 나를 달갑지 않게 여기는 사람이 있다면 내가 무슨 말을 하든 트집을 잡고 싶어 할지도 모른다. 그런 사람이 '비타민은 먹는 거잖아요? 학생을 비타민이라고 하면, 학생을 잡아먹겠다는 건가요? 설마 식인 문화를 옹호하시는 건가요?'라고 되묻는다면 어떨까. 세계 인구 80억 명 중에 그런 극단적인 해석을 하는 사람이 어딘가에는 존재할 수도 있다.

다소 과장된 예이긴 하지만, 이는 하나의 사실을 보여 준다. 발포 비타민이라는 단어 하나도 각자의 경험과 관점에 따라 전혀 다르게 해석될 수 있다는 점이다. 그렇다면 여기서 더 나아가 묻고 싶다. 우리가 교실에서 가르치는 '지식'은 개인의 해석이 모여 새롭게 구성될 수 있을까? 교사가 전달하는 지식도 학생의 삶의 맥락에 따라 전혀 다른 모습으로 받아들여지는 건 아닐까?

전통적으로 사람들은 지식을 고정된 것, 변하지 않는 것으로 보았다. 이는 절대 불변의 진리가 존재한다는 생각에서 비롯된다. 예를 들어 서양철학사에서 데카르트는 '나는 생각한다. 나는 존재한다'라는 명제를 의심할 수 없는 절대적인 진리로 여겼다. 그러나 그와 반대로 진리는 고정된 것이 아니라는 주장을 펼친 학자들이 등장했다. 이들은 진리, 법, 규범 등이 시대나 사회, 개인에 따라 달라진다고 주장했다. 이러한 관점은 '상대주의'로 불린다.

상대주의적 사고방식을 지식과 학습에 적용한 이론으로 '구성주의'를 들 수 있다. 구성주의는 인간이 지식을 단순히 수동적으로 받아들이는 것이 아니라 개인의 경험과 사회적 상호작용을 통해 능동적으로 구성해 나간다고 보는 교육학 이론이다. 즉, 지식은 각 개인과 사회의 맥락 속에서 끊임없이 형성되고 변화한다는 주장이다.

구성주의 이론

지식을 바라보는 관점은 교육에서 매우 중요하다. 왜냐하면 지식에 대한 관점이 달라지면 교사의 수업 방식도 달라지기 때문이다. 전통적인 관점에서는 교사가 객관적이고 변하지 않을 진리를 전달하는 것이 주된 역할이었다. 이런 관점을 지지하는 경우 수업은 대개 교사 중심의 강의식 수업으로 진행될 것이다.

반면 구성주의적 관점에서는 지식을 단순히 전달되는 것이 아니라 학습자가 능동적으로 구성하는 것으로 본다. 따라서 구성주의를 따르는 수업은 지식을 구성하는 과정을 중시하며, 프로젝트나 협업을 통한 문제 해결 방식으로 이루어질 가능성이 크다.

구성주의를 주장한 대표적인 학자로는 장 피아제Jean Piaget, 1896~1980와 레프 비고츠키Lev Vygotsky, 1896~1934가 있다. 교육학을 전공한 사람이라면 반드시 접하게 되는 두 학자는 서로 다른 주장을 펼쳤다.

피아제는 아동의 인지 발달이 물리적 환경과의 상호작용을 통해 스스로 지식을 구성해 나가며 일어난다고 주장했다. 반면 비고츠키는 아동은 사회적 존재이므로 다른 사람들과의 상호작용을 통해 지식을 구성한다고 보았다. 두 학자의 의견은 상호작용하는 대상과 방식이 다르다는 점에서 확연히 차이를 보인다. 하지만 학생을 수동적인 대상이 아니라 스스로 의미를 찾는 능동적인 대상으로 보았다는 점은 서로 같다.

출처: 위키피디아

레프 비고츠키

피아제식 구성주의를 일반적으로 '인지적 구성주의cognitive

constructivism'라고 부른다. 이를 수업에 적용할 때는 아동의 인지 발달 단계에 맞게 교사가 맞춤형 수업을 준비해야 한다. 이를테면 학생 스스로 인지적 갈등을 일으키고 조절하도록 실험 등의 실물을 활용한 탐구 기반 수업을 진행할 수 있다. 얼음을 관찰하고 어떻게 변할지 예측한 뒤, 녹는 과정을 기록하며 시간에 따른 변화를 깨달아 스스로 수증기의 개념을 정리하는 수업 등을 예로 들 수 있다.

비고츠키식 구성주의는 '사회적 구성주의social constructivism'라고 부른다. 토론 협동 학습, 말하기와 쓰기처럼 학습자끼리 서로 소통하는 방법으로 교사가 수업을 이끌며, 적절한 힌트와 질문으로 학습을 도와 학생의 현재 수준을 끌어올리는 데 초점을 맞춘다. 이는 지식이 사회적 맥락 속에서 형성된다는 점을 강조한다.

피아제는 인지 발달이 인류 보편적 과정이라 보았다. 반면 비고츠키는 인간의 인지는 사회 문화적 속성을 지니고 있으며, 사회마다 가치관이 다르기 때문에 지적 발달의 과정은 인류 보편적일 수 없다고 주장했다.[1] 두 학자의 이론에서 누가 옳고 그른지를 가리는 것보다 기존 경험을 바탕으로 새로운 지식을 해석하고, 그 해석을 토대로 다른 무언가와 상호작용하는 과정에서 아동의 발달이 어떻게 이루어지는지가 중요하다. 이러한 관점 덕분에 교사의 역할이 지식 전달자에서 학습의 촉진자로 바뀌었기 때문이다.

구성주의 수업

4학년 1학기 수학 '규칙 찾기' 단원을 가르칠 때, TV 프로그램 〈문제적 남자〉에서 다룬 문제들을 학생들과 풀기로 했다. 규칙 찾기 첫 수업 시간 나는 관찰을 통해 규칙성을 파악하는 힘이 중요하다고 강조하며 수업을 이끌었다. 학생들은 먼저 교과서 문제를 쉽게 풀며 자신감을 얻었고, "이건 껌이지!"라며 너스레를 떨었다. 그 순간 난이도를 조절할 때라는 걸 직감했다.

새로운 문제로 〈문제적 남자〉에 나온 문제를 소개하며 함께 풀어 보자고 했다. 아이들은 어려운 문제를 푼다는 생각에 눈을 반짝였고, 퀴즈를 좋아하는 학생은 "저 그 프로그램 들어 봤어요!"라며 즐거워했다. "4분 동안 혼자서 문제를 풀어 보세요. 그 다음에는 모둠별로 의논해 보세요. 정답을 맞히면 비타민을 드립니다"라는 말에, 수학에 자신 없는 학생도 참여하였다. 아이들은 문제를 풀면서 다양한 반응을 보였다. 일부는 어려움에 직면해 포기할 뻔했지만, 함께 협력하며 문제를 해결해 나갔다. 나는 문제를 해결하지 못해도 열심히 하는 아이들에게 최선을 다하는 과정 자체에 대하여 아끼지 않고 칭찬했다.

이후 아이들은 한 문제씩 풀이를 들으며 숫자 배열이나 글자의 특성 등을 유심히 관찰하여 규칙을 찾아내었고, 생각보다 쉽게 문제를 해결할 수 있다는 것을 알게 되었다. 수학 공식을 외우고 유형별 문제 풀이에 익숙한 어른들에게는 오히려 불리한 문제들이었다. 아이들은 눈을 반짝이며 서로의 의견을 나누고 논의하는 과정에서 더 많은 지식을 쌓아 갔다. 이렇게 그들은 수학적 사고 영역을 더욱 넓혀 나갔다.

도저히 못 풀겠다며 어려움을 토로할 때는 힌트를 두세 개쯤 건네며 넉넉히 기다려 주었다. 그러면 아이들은 스스로 정답을 찾아냈다. 정답에 닿지 못해 해법을 알려 주려 하면 아이들은 입을 모아 시간을 더 달라고 했다. 나는 시간을 더 주면 쉬는 시간이 줄어든다고 말하며 빙그레 웃었다. 정답을 맞힌 아이들뿐 아니라 끝까지 포기하지 않고 도전한 모든 아이들에게 비타민이 선물처럼 전해졌다. 학생들이 서로 가르치고 배우는 과정에서 자신이 알고 있는 개념을 더 깊이 이해하고, 새로운 언어로 표현하는 방법을 배운다는 것을 확인한 중요한 경험이었다.

문제 해결의 실마리를 찾기 위해 점, 선, 면의 형태나 수의 배열을 깊이 있게 관찰할 수 있도록 충분한 시간을 제공하고, 학생들이 이해하기 어려운 표현은 인지 수준에 맞게 쉽게 풀어 설명해 주었다. 특히 '어? 이게 아닌데'라는 순간적인 인지적 충돌과 이를 극복하려는 조절의 과정을 수업 속에 자연스럽게 녹여 냈다는 점에서 피아제의 탐구 중심 학습이 어느 정도 구현된 수업이었다.

사람은 스스로 성장할 수 있지만, 혼자만의 힘으로는 그 성장에 분명한 한계가 있다고 믿는다. 누군가 수십 년을 동굴에 홀로 틀어박혀 책으로 바둑을 연구한다 하더라도 탁월한 스승들에게 배우고 그들과 함께 고민하며 나아간 이의 실력을 뛰어넘기는 어렵다. 수업에서도 마찬가지다. 개인의 탐구만으로는 성장의 한계가 있기에, 탐구한 내용을 바탕으로 사람 간의 깊이 있는 상호작용이 반드시 필요하다.

학습자에게는 혼자 해결할 수 있는 수준(현재 발달 영역)의 영역과 혼자서는 해결하지 못하는 수준(잠재적 발달 영역)이 있다. 비고츠키는 이 두 영역 사이에 '근접 발달 영역zone of proximal development'이라는 또 하나의 영역을 제시한다. 이는 혼자서는 해결할 수 없지만, 선생님이나 친구 등 타인의 도움을 받으면 해결할 수 있는 영역이다. 비고츠키는 현재 발달 수준과 잠재적 발달 수준 사이의 격차를 해소하는 것을 '스캐폴딩scaffolding, 비계 설정'이란 개념으로 정립했다. 스캐폴딩은 학습자에게 적절한 인지적 도움과 안내를 제공하여 학습을 촉진하는 전략을 의미한다.[2] 가령 아이들이 문제 풀이를 포기하기 직전에 적절한 단서를 단계별로 던져 주는 것을 예로 들 수 있다.

비고츠키의 이론은 교사가 어떠한 역할을 하면 좋을지를 알려 준다. 학습자의 잠재적 발달 수준을 현재 발달 수준으로 끌어올리기 위해서 교사는 수업 중 적절한 안내와 도움을 제공하여야 한다. 인지 발달은 사회 문화적 맥락 안에서 이루어지기 때문에 학생들이 학습하기 편안한 환경을 조성하도록 노력해야 하고, 개인마다 다른 근접 발달 영역을 파악하는 것이 중요하다. 비록 비타민이라는 작은 보상이 아이들에게 어려운 문제에 손을 대게 하는 계기가 되었지만, 친구와 소통하며 서로 이끌고 돕는 과정 속에서 각자의 인지적 발달이 자연스럽게 이루어졌다. 어느 순간부터는 보상과는 무관하게 활동 그 자체를 즐기는 바람직한 변화도 일어났다.

중국의 오경 중 《예기》에는 '교학상장敎學相長'이라는 말이 나온다. 흔히 교사는 가르치는 사람으로만 여겨지지만, 사실 교사 역시 가르치는 과정에서 많은 것을 배우고 성장한다. 이번 수업에서도 나는 아이들과의 상호작용을 통해 내가 알고 있는 지식을 다시금 되짚으며 교사로서 한 걸음 더 나아갈 수 있었다. 또한 근접 발달 영역 이론을 떠올리며 학생들의 발달 수준에 맞춰 수업의 방향을 어떻게 이끌어야 할지 깊이 고민하게 되었다. 가르치고 배우며 함께 성장하는 수업, 배려와 존중이 오가는 교실, 웃음이 흐르는 하루하루가 결국 나의 교직 생활을 지탱하는 가장 큰 힘임을 다시 한번 느꼈다.

그러나 이러한 가치 중심의 수업을 실천하다 보면 계획대로 수업이 흘러가지 않을 수 있다. 구성주의적 접근은 때론 한 차시 안에 담기 어려울 만큼 풍부한 탐구와 토론을 요구하며, 그 과정에서 계획된 진도보다 더 많은 시간이 소요되기도 한다. 이로 인해 진도표를 벗어났다는 이유로 민원이 제기되거나, 사전에 안내된 수업 내용과 다르다는 지적을 받을 때면 교사는 고민에 빠지게 된다.

주간학습안내와 민원

대부분의 초등교사는 매주 주간학습안내를 통해 다음 주의 학습 계획을 알린다. 학생과 학부모는 이를 통해 수업에 필요한 내용을 미리 확인할 수 있다. 그러나 이 안내장은 어디까지나 소통을 위한 문서이지, 법적으로 작성해야 할 공식 문서는 아니다. 오히려 안내장이 교사에게 족쇄로 작용할 수 있다.

수업 도중 학생이 던진 질문 하나에 계획을 수정하기도 하고, 활동 도중 예상치 못한 사고思考가 열릴 때면 수업을 예정보다 길게 끌고 가기도 했다. 특정 차시는 감축할 때도 있었고, 아예 주간학습안내에 적힌 내용을 바꾸는 일도 있었다.

물론 계획된 차시 안에 성취 기준을 멋지게 달성하면서, 학생도 성장시키는 교사가 가장 이상적인 교사이다. 돌이켜 보면 학생의 수준을 파악하고, 적절한 활동과 자료를 선택하고, 순간적인 변수를 파악하여 유연하게 진행하는 능력이 부족했던 점도 인정한다.

가능한 한 계획대로 수업을 운영하는 것이 바람직하다는 점에는 전적으로 공감한다. 학생과 학부모는 안내된 내용을 바탕으로 학습 준비를 해 오기 때문에 수업 계획이 자주 변경되면 교육 활동에 혼선이 생길 수 있다. 특히 주간학습안내가 학년 공동의 계획으로 수립된 경우 교사가 개인적으로 수업 방향을 바꾸는 일은 동료 교사와의 협업에도 영향을 줄 수 있다.

하지만 주간학습안내가 교사의 전문성과 교육의 유연성을 억누르는 절대 기준선이 되어서는 안 된다. 지식과 학습 그리고 발달을 바라보는 관점에 따라 수업의 방식과 성격이 달라질 수 있기 때문이다. 구성주의가 유일한 정답은 아니지만, 현재 대한민국 교육은 인간 간의 상호작용과 협력을 중시하는 구성주의적 접근을 추구하고 있다.

효율성의 관점에서 본다면 구성주의 교육은 비효율적일 수 있다. 교사가 내용을 정제해 일정 시간 안에 많은 정보를 전달하는 전통적 강의 방식이 외견상 더 효율적으로 보이기 때문이다. 학생들이 서로 소통하며 의미를 구성해 나가고, 그 과정을 교사가 지지하고 적절한 단서를 제공하며 이끄는 수업 방식은 필연적으로 더 많은 시간을 요구한다. 하지만 구성주의 수업은 본질적으로 '기다림'을 전제로 한 교육이며, 성장의 시간을 존중한다.

이러한 흐름은 수학 수업뿐 아니라 국어의 토론 활동, 실과의 체험 수업 등 여러 교과 전반에서 마찬가지로 적용된다. 학생과의 소통과 협업, 교사 개인의 충분한 관찰을 바탕으로 수업을 설계하다 보면, 종종 계획된 시간 안에 수업을 마무리하기 어려운 경우가 생긴다. 두 차시로 계획했던 수업이 한 차시를 더 필요로 하게 되어 목표를 온전히 달성하려면 수업의 재구성이 불가피해지는 경우도 있다. 이럴 때 교사는 교육적으로 더 나은 방향을 선택하기 위해 주간학습안내를 일부 조정할 수밖에 없다.

구성주의 관점에서 벗어나더라도 학생의 수준이나 반응에 따라 설명을 보완하거나 활동을 조정하는 일은 수업의 자연스러운 흐름이다. 예컨대 한 학생이 발표 중에 사려 깊은 아이디어를 제시했을 때 정해진 수업 시간에 맞추기 위해 이를 무시하기보다는 그 아이디어를 바탕으로 수업을 확장하는 것이 더 교육적일 수 있다. 이러한 맥락을 무시한 채 주간학습안내가 교사의 수업 운영을 경직되게 제한하는 기준이 되어 민원으로 이어진다면 어떨까?

물론 학부모 입장에서는 '왜 계획대로 수업하지 않았느냐'고 질문할 수 있다. 그렇기에 교사는 학교 상황과 수업의 맥락에 따라 주간학습안내가 변경될 수 있음을 사전에 안내하고, 이러한 변경이 교육의 유연성에 기반한 것임을 설명할 필요가 있다. 수업 내용을 일부 조정했을 경우에는 간단한 안내와 함께 기록을 남겨 학부모와 학생이 그 취지를 이해하고 수긍할 수 있도록 해야 한다.

관리자가 교사에게 '주간학습안내대로 반드시 수업하라'고 강요하는 것은 학교 교육을 경직된 틀에 가두는 일이다. 실제로 이런 말을 들었을 때 내가 교육자가 아니라 무조건 앞으로 밀고 가는 불도저가 된 것 같아 씁쓸했다. 학생이 좀 더 성장할 여지가 있음에도 정해진 수업만을 강행하는 불도저 말이다. 교장선생님과 교감선생님도 한때는 교실에서 아이들과 함께 울고 웃던 교사였다. 그 본래의 정체성을 잊지 않고, 단지 민원을 방지하는 행정가로 머무르지 않기를 바란다. 그래서인지 나는 오늘도 고민한다. 이 수업은 차시를 넘겨야 할까 아니면 계획을 고수해야 할까. 그 고민의 끝에는 언제나 한 가지 질문이 남는다. '이게 아이들에게 더 나은 수업인가?' 만약 그렇다면 설령 민원이 발생하더라도 나는 기꺼이 '나쁜 교사'가 되겠다.

8
리바이어던과 교육자

무질서의 상황

언제였던가, '법이 왜 필요한가?'라는 주제로 6학년 사회 수업을 준비한 적이 있었다. 우리가 공기를 마시며 사는 것을 당연하게 여기듯 나에게도 법은 당연히 존재해야 하는 것으로 여겨져 왔다. '법이 개인의 삶을 얼마나 제한할 수 있는가'에 대해서 깊이 고민해 본 적은 있지만, 법의 필요성 자체에 대해 의문을 품어 본 적은 거의 없었다. 그만큼 법은 내게 당위적인 존재였다.

법 질서가 잘 정착된 법치 국가에서는 법이 강력한 영향력을 발휘한다. 그러나 법이 존재하더라도 그것이 삶 속에서 제대로 구현되지 않는다면, 사회는 쉽게 무질서에 빠지고 법은 사실상

제 기능을 하지 못한다. 법이 단순히 존재하는 것을 넘어 실제로 효력을 발휘하게 만드는 힘은 무엇인지 깊이 고민해 볼 필요가 있었다. "법이 왜 필요할까?"

"법이 없으면 혼란스러워지니까요." 명쾌한 대답이었다. 하지만 이 한마디로 수업을 끝낼 수 있을까? 아니다. 학생들이 너무 당연하게 여기는 내용을 더 깊이 고민하도록 만들려면 간접 체험이 필요했다. "그래, 다들 잘 알고 있는 것 같으니 이쯤에서 수업 끝내고 점심 먹으러 가자. 모두 손 씻고 복도에 두 줄로 서!" 아이들의 환호성이 교실 가득 울려 퍼졌다. 옆 반보다 10분 일찍 수업이 끝난 셈이었다.

예상대로였다. 아이들은 복도에서 들뜬 마음에 떠들고 장난쳤고, 1초도 안 되어 복도는 마치 신나는 야시장처럼 활기로 가득 찼다. 나는 곧바로 아이들을 교실로 다시 불러들였다. 그리고 분위기가 가라앉을 때까지 잠시 침묵했다. 왠지 말을 해선 안 될 것 같다는 걸 직감한 학생들부터 한 명씩 조용해지기 시작했고, 점차 교실 전체가 차분해졌다.

"선생님이 왜 다시 교실로 부른 걸까?"

"복도에서 시끄럽게 떠들어서요."

"그렇게 해도 괜찮을까?"

"아니요."

"왜 안 될까?"

"다른 반이 수업 중이라 방해가 되니까요."

"맞아. 모두 잘 알고 있어. 그런데도 복도에서 잠깐이지만 떠들었지. 선생님이 제지하지 않았다면 더 심해졌을지도 몰라."

낮게 깔린 목소리와 진지한 표정에 아이들은 자신들이 뭔가 잘못했음을 깨닫고 긴장했다. 교실은 엄숙해졌고, 밖에서는 운동장에서 체육 수업하는 소리가 조심스레 들려왔다. 햇볕은 잔잔하게 교실 안으로 스며들었다. 나는 엷은 미소를 지으며 입을 열었다. "여러분이 잘못한 게 아니에요. 사실 법이 왜 필요한지를 더 잘 이해해 보려고 선생님이 일부러 상황을 만든 거예요. 선생님 스타일 알지?"

"아, 선생님이 또 장난치셨구나!" 아이들은 또다시 선생님의 장난에 속았다는 듯 웃음을 터뜨렸다. 평소 나는 "들은 것은 잊어버리고 본 것은 기억되지만, 직접 해 본 것은 이해하게 된다"는 말을 자주 인용하곤 했다. 지식을 쉽게 설명하는 데 그치지 않고 생생한 체험을 더하면 그 원리를 더 깊이 파고들어 깨달을 수 있기 때문이다.

"조금 전 점심을 빨리 먹을 수 있어 흥분한 상태를 우리 모두 분명히 봤죠. 감정이 앞서다 보니 수업 중인 옆 반을 돌아볼 여유가 없었어요. 이게 바로 인간의 자연스러운 모습이에요. 그래서 선생님이 여러분을 복도에서 다시 교실로 불러들였죠. 왜였을까요?"

"다른 반에 주는 피해를 막기 위해서요."

"맞아요. 그 상황에서 여러분은 어떻게 했죠?"

"교실로 돌아왔어요."

"그렇죠. 선생님이 들어오라고 하니까 들어왔죠. 그런데 왜 선생님 말을 들은 걸까요? 선생님 말은 꼭 들어야 하나요?"

"선생님 말씀이니까요. 안 들으면 혼날 수도 있고요."

"그렇군요. '선생님 말이니까' 들었다는 건데, 그렇다면 선생님 말을 든든히 뒷받침하는 것은 무엇일까요?"

홉스의 사회계약설

"힘!" 잠시 침묵이 흐른 뒤 한 학생이 환한 표정으로 자신 있게 외쳤다.

"맞아요. 그 '힘'을 좀 더 어려운 말로 표현하면 '권위'라고 할 수 있어요. 그렇다면 권위는 어디에서 나올까요? 바로 모두가 따르기로 약속했기 때문에 생기는 겁니다. 그 약속의 구체적인 모습이 바로 법이에요."

나는 법에 대해 더 자세히 설명을 이었다. "예를 들어 교육기본법을 볼까요? 교육기본법 제2장 제12조에는 이런 내용이 들어 있어요. '학생은 학교의 규칙을 지켜야 하며, 교사의 교육 활동을 방해하거나 학교의 질서를 어지럽혀서는 안 된다.' 즉, 학생으로서 지켜야 할 태도가 법률로 정해져 있는 거죠."

아이들은 어려워하는 눈치였다. 하지만 이미 시작했기에 이어서 마무리를 짓는 것이 나았다.

"영국에 홉스Thomas Hobbes, 1588~1679라는 유명한 학자가 있었어요. 홉스는 사람들이 함께 모이면 아까 복도에서의 혼란과 같은 상황이 자연스럽게 발생한다고 봤어요. 그래서 혼란을 막기 위해 규칙을 만들어야 한다고 주장했죠. 그런데 그 규칙을 어기면 어떻게 해야 할까요?"

"처벌을 받아야 해요."

"네, 그래서 사람들은 그 누구도 거역할 수 없는 권위를 가진 존재를 만들어 혼란을 통제해야 한다고 했죠. 그게 바로 절대적 힘을 지닌 괴물 '리바이어던Leviathan'입니다."

그렇게 나는 아이들에게 홉스와 리바이어던을 처음으로 소개했다. 이후 학습활동으로 규칙이 없는 사회를 상상하여 글을 쓰고 발표하는 시간을 가졌다. 수업을 생각보다 무사히 끝마쳤다는 안도감이 들었다.

출처: 위키피디아

리바이어던

토머스 홉스가 태어난 1588년 무렵 에스파냐의 무적함대가 영국 해안에 출몰했다. 에스파냐 함대는 1571년 그리스 인근에서 일어난 레판토해전에서 오스만제국의 함대를 격파하며 큰 활약을 펼쳤고, 이 승리를 계기로 '무적함대'라는 영예로운 별명을 얻었다. 홉스의 어머니는 무적함대가 쳐들어온다는 소문을 듣고 놀란 나머지 조산하고 만다. 교회에서 쫓겨난 사제였던 아버지는 끝내 가족까지 버리고 도망가는 무책임한 행동을 저지른다. 다행히 홉스는 부유한 삼촌에게 맡겨져 유명 사립학교에 입학했고, 열심히 공부하여 옥스퍼드대학교에 진학했다.

16세기 말과 17세기 초는 광범위한 사회 변화와 과학 발전이 뒤섞인 격동의 시대였다. 홉스는 이런 시대에 영국인으로서 처음으로 사회문제에 대하여 포괄적인 해답을 제시하려 했고, 그 결실이 1651년에 출간된 《리바이어던》이다.[1] 홉스에 따르면 인간은 본성상 악하며 생존과 이익을 위해 이기적으로 행동할 수밖에 없다. 이를 상징하는 표현이 바로 "만인에 대한 만인의 투쟁"이다. 이 문구는 윤리 없이 서로를 위협하는 짐승 같은 인간의 상태를 가리킨다. 홉스는 이러한 '자연 상태'를 그대로 두어선 안 된다고 보았다. 무규범 상태에선 약자의 안전이 보장되지 않기 때문이다.

그에 따르면 안전은 선이고, 위험은 악이다. 사람들은 자신의 안전을 확보하기 위해 서로 계약을 맺는다. 이것이 바로 '사회 상태'의 시작이다. 그러나 계약이 제대로 지켜지지 않는다면 다시 강자가 약자를 지배하는 상황이 벌어질 수 있다. 힘을 앞세워 부당하게 계약을 깨는 일이 발생하면 약자는 속수무책으로 피해를 보게 된다. 이에 대해 홉스는 계약을 지키게 하려면 계약 당사자들보다 훨씬 강력한 존재가 필요하다고 분명히 말한다. 그는 이 존재가 계약을 위반한 자를 처벌할 수 있어야 하며, 이를 위해 절대적 권력을 부여받아야 한다고 주장했다. 홉스에 따르면 우리는 그 존재에 순응해야 하며 현실에서는 그것이 바로 '왕'이란 형태로 나타난다. 홉스가 이처럼 강력한 군주권을 옹호한 것은 그가 겪은 사회적 혼란이 얼마나 극심했는지를 보여 준다. 설령 군주가 폭정을 일삼고 독재를 하더라도 무정부 상태로 돌아가는 것보다는 낫다는 것이 그의 결론이었다.

리바이어던의 힘이 주는 유혹의 늪

"선생님! 우리 반에 리바이어던이 필요한 것 같아요. 선생님이 리바이어던이 돼 주세요. 진짜 괴물처럼 무섭게 해 주셨으면 좋겠어요. 눈물 쏙 빼 놓을 정도로요."

왜 그래야 하는지 물어보니 점심시간에 질서가 없고, 아이들이 쉬는 시간에 복도에서 떠들고 계단에서 장난치는 일이 자꾸 반복되곤 한단다. 보다 못해 학급 회장과 생활 부장이 타일러도 듣지 않는단다. 좋게 말해서는 듣지 않으니 계속 친절하게 얘기하는 방식으로는 해결할 수 없다고 자신의 의견을 보강했다. 선생님이 무서운 괴물이 되어 상황을 해결해 주길 바랐던 것이다. 만감이 교차했다.

"얘들아, 너희들이 복도에서 떠들고 계단에서 장난친다는 이야기를 들었다. 사실이냐?"

"네……."

"왜 그런 행동을 했지?"

"……."

"선생님이 사회 시간에 말했던 리바이어던이 된다면 어떤까? 선생님이 윽박질러 무서운 분위기를 만든다면 너희는 두려움을 느끼고 말을 더 잘 듣겠지. 물론 그러한 방법을 쓰지 않고 좀 더 부드럽게 해결할 수도 있어. 하지만 선생님이 공포감을 심어 규칙을 지키게 만들길 원하는 사람들이 많아진다는 것이 핵심이야. 두려움 속에서 만들어진 권위에 대해서는 어떻게 생각하니?"

아이들은 아무 말이 없었다. 하지만 여전히 규칙을 어긴 학생에 대한 처분을 선생님에게 맡기길 원했다. 나의 재량으로 학생을 처분할 권한이 주어진다면 나 역시 실수할 가능성이 있다. 따라서 나의 실수도 최소화할 수 있는 단단한 시스템이 필요했고, 결국 처벌에 대한 약속까지 모두가 함께 만들고 지키기로 했다. "그렇다면 규칙을 어겼을 때 각각 어떤 처벌을 받을지 학급회의를 통해 다 함께 정하도록 하자. 그리고 선생님은 리바이어던이 되고 싶지 않으니 스스로 자신을 깎아내리지 말고, 남에게 피해를 주지 말아라."

교사로서 현장에서 매해 반복적으로 마주하는 한결같은 모습들이 있다. 수업에 지각하지 않기, 폭력과 욕설하지 않기, 쓰레기 함부로 버리지 않기, 복도에서 뛰지 않기, 친구 괴롭히지 않기 등 거의 모든 생활지도 영역에서 하지 말라는 일이 반복된다. 아직 어린 학생들인지라 귀엽게 보아 넘길 수도 있다. 그러나 그 반복이 도를 넘어설 때 교사의 인내심은 한계까지 밀려난다. 더구나 잘못을 인정하지 않고 예의까지 잃은 태도를 보이면 교사는 순간 일어나는 분노를 억누르기 힘들다.

그 순간 리바이어던의 권위, 즉 절대적 힘이 주는 유혹에 빠지기 쉽다. 그 유혹의 정점은 공포감을 심어 주는 것이다. 공포는 상대방을 즉각 복종하게 만든다. 따라서 효율성의 측면에서 누구에게나 매력적으로 다가오는 감정이다. 진짜 괴물처럼 무섭게 해 달라는 학생들의 요구에 나는 어떻게 해야 하는가. 몇십 년 전의 교육 현장이라면 나는 어떤 선택을 하였을까.

나는 아직도 중학교 시절 아침 자습 시간의 기억을 잊지 못한다. 시끄럽다는 이유로 체육선생님은 시범 케이스를 만든다며 각 반의 반장을 복도로 불러냈다. 그리고 모두가 들을 수 있도록 넓적하고 큼직한 나무 막대로 반장들의 엉덩이를 무자비하게 내리쳤다. 단 한 번의 스윙으로 한 층 전체가 숨을 죽이며 고요해지는 마법이 펼쳐졌다.

사회가 소란스럽고 질서가 무너지면 사람들은 강력한 리바이어던, 즉 국가의 등장을 갈망하게 된다. 혼란이 길어질수록 그 열망은 점점 더 커진다. 내전으로 인해 매일같이 사상자가 발생하고, 걷잡을 수 없는 강력 범죄의 온상으로 변해 버린 여러 나라에서 그 혼란을 잠재울 '강력한 힘'을 단 한 번이라도 갈망하지 않은 선량한 국민이 과연 있을까.

강력한 힘에 대한 갈망과 교육

어릴 적 가족과 함께 봤던 인상깊은 영화가 떠오른다. 바로 중국 액션 영화계의 전설 이연걸이 주연한 〈영웅〉이다. 그 영화에서 이연걸은 진나라 왕을 암살하려는 무명無名의 자객 역을 맡았다. 자객은 진나라 왕이 일으킨 전쟁으로 가족을 잃은 후, 왕을 죽이기 위해 십보필살十步必殺, 열 걸음 안에서 반드시 상대를 쓰러뜨리는 검술을 연마했다.

결국 그는 열 걸음 거리까지 다가서서 왕을 죽일 기회를 손에 쥔다. 왕은 자객과의 대화를 마치고, 무명 자객에게 자신의 목숨을 거둬 가도록 허락했다. 자객은 왕을 죽였을까? 싸움이 끝없이 이어지는 난세에서 가장 고통받는 존재는 백성이다. 자객은 끝없는 전쟁의 악순환을 끊기 위해 강력한 힘을 가진 국가로 천하를 통일하려는 진나라 왕의 대의를 이해하고 받아들였다. 결국 그는 왕의 생살여탈권生殺與奪權을 두 손에 쥐었음에도 백성을 위해 그 기회를 내려놓았다.

홉스가 살던 시대와 중국 전국시대를 나란히 놓고 보면 혼란스러움의 본질은 매한가지다. 결국 인간 사회란 무리를 이루어 살아가는 존재들의 공간, 갈등과 질서가 부딪히며 끝없이 요동치는 세계다. 따라서 당연히 규칙이 필요하고, 그 규칙을 받치는 힘도 필요하다. 하지만 힘이 개인에게 강제로 행사되는 범위는 무제한이어서는 안 된다. 오늘날 학부모의 악성 민원과 고소, 학생들의 교권 침해, 학생 간 심각한 학교폭력 사건이 뉴스에 오르내리는 현실 속에서 일부 교사는 '전설 속의 매'를 휘두르던 시절을 그리워할지도 모른다.

과거의 교사는 마음만 먹으면 리바이어던처럼 군림할 수 있었다. 그러나 인간이 리바이어던의 권능을 손에 쥐면 필연적으로 위험이 따른다. 절대 권력자가 만인 위에 군림하는 체제가 만들어지면 그 달콤한 열매를 맛본 자는 정신을 수양하기보다 오히려 체제를 더욱 공고히 하려는 유혹에 빠지기 쉽다. 역사를 돌이켜보면 영웅들이 권좌에 올라 타락하는 모습이 숱하게 반복되었다. 교사라고 다르지 않다. 아무리 훌륭한 인격을 갖추었다 해도 교사도 결국 사람이다. 실수할 때도 있고, 흔들리는 순간도 온다.

그래서 재량이라는 단어는 신중하게 접근해야 할 말이다. 오늘날은 교사의 기본적인 지도권조차 위협받는 사회이지만, 여건이 조성되면 공포라는 달콤한 유혹에 손을 뻗어 학생들을 다루려는 생각을 여러 교사가 품을지도 모른다. 교사가 공포를 통해 질서를 유지하는 데 도취하는 순간, 교육은 통제와 억압으로 물들게 된다. 특히 현실에 주눅 들지 않고 학생들의 인성 교육에 매진하는 열정적인 교사, 즉 '나쁜 교사'일수록 반드시 경계해야 할 일이다. 특히 학생을 믿고, 변화가 서서히 일어나는 시간을 견디는 교사일수록 더욱 경계해야 할 일이다.

9
지식이냐 경험이냐

교사의 주의 의무와 책임 2022년 가을 속초에서 현장체험학습에 참여한 한 학생이 자신이 타고 온 버스에 치여 숨지는 안타까운 사건이 발생했다. 검찰은 이를 업무상 과실치사 혐의로 기소했고, 법원은 담임교사가 주의 의무를 다하지 않았다고 판단하여 금고 6개월에 집행유예 2년을 선고했다.[1]

담임교사는 법원의 판단과 달리 업무상 주의 의무를 다했다고 주장하고 있다. 이번 사건은 체험학습 중 교사가 업무상 과실로 형사처벌을 선고받은 첫 사례로, 교사가 가져야 할 주의 의무의 범위와 책임의 한계를 둘러싼 중요한 판례로 남게 되었다. 담임교사는 재판 결과에 불복해 항소했으며 항소심에서 다시 판단이 이루어질 예정이다. 그러나 1심의 판결이 확정될 경우 국가공무원법에 따른 당연퇴직 사유가 성립한다.

이 판결 이후 전국 초·중·고등학교에서는 현장체험학습을 잇따라 취소했고, 교사들 사이에서도 불안감이 확산되었다. 경기 지역의 242개교와 서울 122개교(1일형 체험학습)가 체험학습을 취소했으며, 강원 지역의 45개교도 체험학습을 취소해 체험학습 건수는 전년 대비 24% 감소했다. 울산 지역에서도 절반가량의 학교가 일정을 취소하거나 연기했다.[2]

현장체험학습 취소는 학생과 교사 모두에게 아쉬움을 남긴다. 학생 입장에서는 즐거운 추억을 쌓지 못해 아쉽고, 생생한 경험을 제공하려 했던 교사 역시 마음이 무겁다. 대부분의 교사는 '번거롭더라도 아이들이 좋아하는 모습을 보면 힘이 난다'는 마음으로 체험학습을 준비한다. 학부모들 역시 아쉬움과 불만을 표하고 있다. 실제로 체험학습을 취소한 경기도의 한 학교에서는 일부 학부모가 교사들을 상대로 직무 유기와 학습권 침해를 이유로 교육당국에 민원을 제기하며 불만을 드러냈다.[3]

법원은 판결문에서 "버스에서 하차한 학생들을 두 줄로 세운 후 앞에서 인솔한 교사는 18~30m 이동하면서 뒤로 한 차례만 뒤돌아보고 대열에서 이탈하는 학생을 잘 지켜보지 못했다"고 했다.[4] 교사가 주의 의무를 다했는지의 여부는 결국 판사의 주관적 가치판단에 달려 있다.

이에 대하여 현장체험학습의 근본적 필요성과 운영 방식을 다시 고민해야 한다는 의견, 담임교사가 무책임하다는 비판, 교사가 유죄판결까지 받은 것은 지나치게 가혹하다는 생각, 안전 인력을 충분히 확보할 방안을 마련해야 한다는 주장, 모두에게 일정 부분 책임이 있지만 교사에 대한 처벌은 적정 수준을 지켜야 한다는 견해, 외부 기관에 체험학습 운영을 위탁하자는 제안 등 다양한 목소리가 있다.[5]

지식이냐 경험이냐[6]

교육대학 재학 시절 교육과정 이론을 가르치던 강사의 두 가지 말이 떠오른다. 현장체험학습이 없어도 교육은 교실 안에서 충분히 이루어질 수 있다는 것과 교과의 가치는 서로 평등하지 않고 중요도에 따라 우선순위를 매길 수 있다는 것이다. 구체적으로 철학, 수학, 과학, 역사와 같은 교과는 중요하고, 실과, 컴퓨터와 같은 교과는 상대적으로 덜 중요하다고 할 수 있다.

나는 강사님의 주장에서 공통으로 작동하는 근거를 두 단어로 요약할 수 있다고 생각한다. 바로 '추상'과 '경험(또는 체험, 실습, 실용)'이다. 첫 번째 주장은 경험이나 체험을 필수적인 교육 요소로 보지 않는 시각이다. 두 번째 주장은 체험형, 실습형, 실용형 교과는 철학이나 수학처럼 추상적 사고를 요하는 지식 중심의 교과보다 덜 중요하다는 입장이다. 결국 두 주장은 공통적으로 경험이나 체험은 교육에서 핵심이 아니라는 관점을 공유하고 있다.

그분이 교육과정을 이해하는 관점은 이미 교육학자들에 의해 이론적으로 체계화되었다. 바로 교육할 내용을 중요하게 보는 교육과정이다. 그러나 교육이 정말 교실 안에서만 이루어져야 하고, 추상적 지식 기반의 교과가 다른 교과에 비해 더 중요한지는 다시 생각해 볼 문제다.

현장체험학습은 교실을 벗어나 아이들이 교실 안에서 접할 수 없는 생생한 경험을 중시하는 활동이다. 학생들은 학교를 떠나 잠시 콧바람을 쐬는 것만으로도 굉장히 즐거워한다. 경험으로서의 교육과정은 학생의 경험이 교실 안팎 모두에서 이루어질 수 있음을 강조한다.

전통적으로 교육과정은 '교육할 내용'으로 이해되었다. 이때 교육과정은 수학, 과학, 역사 등 교사가 가르치고 학생이 배워야 하는 교수-학습 내용을 의미한다. 이러한 생각을 반영한 것이 바로 교과 중심 교육과정이다. 교과 중심 교육과정은 지식 습득과 이성 계발을 교육의 목적으로 삼으며, 자연스럽게 교사가 교수-학습의 중심이 된다. 따라서 아동의 흥미와는 관계없이 지식과 정보가 교실에서 효율적으로 전수되는 것을 중요하게 보는 교육과정이다.

그러나 20세기 초 미국의 교육 사상가 듀이John Dewey, 1859~1952와 진보주의 교육철학자들은 이러한 관점을 비판했다. 교과는 과거에 축적된 지식의 체계에 불과하며, 학생들은 지식 중심 교육과정으로 학습할 때 끊임없이 변하는 현재 상황과 학교에서 배운 지식 사이에서 괴리를 느낀다고 보았다. 그들은 교육과정을 단순한 '내용'이 아니라 교사의 지도로 학생이 겪는 모든 경험이라고 정의했다. 학생이 배워야 할 경험은 꼭 학교 안에서만 이루어질 필요가 없으며, 어디에서든 학생들이 겪는 경험은 교육적 의미를 가질 수 있다고 본 것이다.

두 교육과정은 전혀 다른 관점을 제시한다. 사회과 수업을 예로 든다면 교과 중심 교육과정에서는 강의식 설명으로 교사가 역사 지식을 전달하고, 학생들은 교과서를 펴고 중요한 인물과 사건에 밑줄을 긋는 장면이 떠오른다. 속칭 수능 1타 강사처럼 재미있고 이해하기 쉽게 지식을 전달하는 역량이 교사에게 요구된다.

반면 경험 중심 교육과정에서는 아동의 흥미를 고려하여 생활 경험을 중심으로 교육과정을 재구성한다. 역사 영역도 단순한 지식 암기를 넘어 주로 실생활 속에서 문제를 해결하는 방식으로 학습이 이루어진다. 학생들이 교실에서 교과서를 펴는 대신 고장의 문화유산을 직접 찾아가는 모습이 자연스레 떠오른다.

어느 하나의 교육과정이 옳고 그르다고 단정 지을 수는 없다. 각 교육과정 이론은 저마다 분명한 장단점을 지니며, 이는 관점의 차이일 뿐 정답이 존재하는 문제는 아니기 때문이다. 따라서 교사는 다양한 교육 활동 속에서 스스로 답을 찾아가고,

자신이 지닌 교육적 신념에 따라 결론을 내린 뒤 수업을 설계해 나가면 된다. 교과 중심 교육과정은 학생의 흥미를 무시하기 쉽고, 수업이 지루하고 재미없어질 수 있다.

반면 경험 중심 교육과정은 학생의 흥미를 지나치게 고려하다 보니 기초학력이 저하되고, 교육의 주도권을 학생에게 넘기면서 교육의 방향성을 잃을 수 있다는 단점이 있다. 또한 문제 해결 중심으로 수업을 재구성해야 하는데, 역량이 부족한 교사가 교육과정을 허술하게 운영하면 피해는 학생들에게 돌아간다.

잊지 못할 체험학습의 추억

2023년 봄기운이 한창 무르익었을 무렵 우리 반 학생들과 함께 의정부에 위치한 송산사지로 현장체험학습을 다녀왔다. 이와 같은 체험학습은 대개 학기 초에 계획을 수립하고, 학교운영위원회의 심의를 거쳐 이루어진다. 사실 아이들과 학교 밖으로 나가는 일은 여러모로 번거롭다. 체험학습을 준비하려면 각종 계획 수립, 회의, 사전 답사, 예산 편성, 학생 안전 대책, 불참 학생 지도 방안 등 고려해야 할 요소가 많다. 그만큼의 행정 업무량이 평소보다 몇 배 이상 늘어난다.

아이들의 환한 미소를 떠올리며 준비 절차를 하나씩 즐거운 마음으로 밟아 가더라도, 정작 체험학습 당일에는 마냥 들뜬 마음으로 출발할 수 없다. 현장에서 안전사고라도 발생하면 그간의 모든 노력이 한순간에 빛을 잃을 수 있기 때문이다. 교사의 책임감은 체험학습 준비 과정부터 체험학습이 끝나기까지 무겁게 자리한다.

송산사지에 도착하자 아이들은 마치 눈 오는 날 남부 지방의 아이들처럼 신나게 뛰어다녔다. 넓은 공간을 자유롭게 활보하며 웃음을 터뜨리는 모습이 보기 좋았다. 담임인 나보다는 상대적으로 편하고 친근한 협력교사 곁에 몰려가 셀카를 찍는 아이들. 그런 아이들이 어느 순간 나에게도 다가와 "선생님, 우리랑 같이 사진 찍어요!"라며 카메라를 내민다.

평소 '수업 중 진지함'을 강조하던 내가 아이들 눈높이에 맞춰 다양한 포즈를 취하며 사진을 찍는 모습은 스스로도 낯설면서도 따뜻했다. 웃음 가득한 셀카 속에서 나 또한 아이들과 한껏 즐거움을 누렸다. 이어지는 설명 시간에는 송산사지와 연관된 인물들의 이야기를 알기 쉽게 들려주었다.

낯설고 어려운 이야기임에도 불구하고 귀를 쫑긋 세우며 집중하는 아이들의 모습은 그 어떤 존재로도 대체할 수 없다. 설명을 마친 뒤에는 잠시 들뜬 분위기를 가라앉히기 위해 모두 눈을 감게 했다. 지나간 과거이긴 하나 역사의 현장 속에서 조용히 숨을 고르며 고려 말 충신들의 숭고한 정신과 새로운 시대의 서막을 향한 고민을 잠시나마 떠올리게 하고 싶었다.

주변을 감싸는 새소리, 곤충 소리 그리고 따스한 봄 햇살이 아이들의 마음에도 스며드는 듯했다. 태조 이성계, 위화도 회군, 고려 말의 부조리와 충신들의 이야기를 열심히 들려주었지만, 고즈넉한 풍경 속에서 마지막에는 그 모든 이야기가 바람을 타고 사라지는 듯해 미소가 지어졌다. 체험학습의 마지막 일정은 송산사지 옆에 있는 미술도서관 방문이었다. 이곳에서는 우리 고장의 문화유산과 관련된 자료를 아이들이 자율적으로 탐색하는 시간을 가졌다. 아직 자료 조사에 익숙하지 않은 아이들에게는 자료를 찾는 방법과 요령에 대해 하나하나 천천히 알려 주었다.

지식을 전달하는 데 있어 비효율적으로 느껴질 수 있는 방식이지만, 이처럼 생생한 현장에서 쌓은 경험은 기억에 오래 남는다. 무엇보다 사제 간에 웃음과 신뢰를 쌓을 수 있는 이런 순간은 직관적으로도 충분히 의미 있다. 때로는 이런 체험이 더 큰 배움이 될 수도 있다는 것을 그날 아이들과 쌓은 추억이 조용히 말해 주고 있다.

교육적 가치와 두려움 사이

현장체험학습 안전 매뉴얼은 안전 대책을 포함한 기본 계획 수립, 사전 답사, 안전 교육, 비상 연락망 구축, 인솔자 확보, 위탁 운영 시 인증 프로그램 이용, 보험 가입 완료 후 운영 등을 공통 지침으로 모든 학교에 안내되어 있다. 인솔교사는 15시간의 법정 안전 교육 직무 연수를 이수하고, 내부 안전 요원은 이론과 실습을 병행한 연수를 통하여 그 자격을 부여받는다.

그러나 이러한 준비에도 불구하고 부지불식간에 사고는 발생한다. 일상에서도 학생들을 특별실이나 체육관으로 인솔할 때 줄이 흐트러지고, 학생들이 장난치며 앞서 나가거나 뒤처지는 일을 교사라면 흔히 경험한다. 이런 순간마다 교사가 엄하게 지도하면 '무섭고 착하지 않은 선생님'으로 낙인 찍히거나 학부모의 민원으로 이어지기도 한다. 사전 안전 교육을 철저히 하고 학생들을 매 순간 시야에 두려 노력해도 사고는 불시에 일어날 수 있다.

문제는 교사의 부주의와 무관한 단순 사고라 할지라도 학부모와 교사 또는 교사와 학교 당국, 학부모와 학교 당국 간의 소송으로 이어질 수 있다는 점이다. 2025년 2월 실시된 교사노조연맹 설문에서 96.4%의 교사가 '(체험학습에서) 교사와 학생의 안전 확보가 어렵다'고 응답했고, '올해 현장체험학습을 전면 폐지해야 한다'에 찬성한 비율도 81%에 달했다.[7] 현장체험학습 관련 소송 사례는 인터넷을 조금만 검색해도 쉽게 찾을 수 있다.

교사에게는 업무상의 책임뿐 아니라 자신이 맡은 아이가 다쳤다는 죄책감까지 더해지니 그 심적 부담은 업무량과는 비교도 할 수 없을 정도다. 그러나 여전히 마음 한구석에는 현장체험학습의 소중한 가치가 남아 있다. 안전사고에 대한 위험과 많은 업무량을 감수하더라도 교육의 중심을 '학생'에 두는 '나쁜 교사'들을 봐왔기 때문이다.

아이들이 친구들과 함께 웃고 즐기며 새로운 것을 배우는 모습은 교사에게 잊지 못할 보람을 준다. 교육적으로도 현장체험학습은 교실 안에서는 결코 얻을 수 없는 경험을 제공한다. 그러나 현실은 교사가 그 선택을 쉽사리 하지 못하게 만든다. 사고가 발생할 가능성, 그에 따른 책임과 비난에 대한 두려움은 현장체험학습의 교육적 가치보다 더 큰 그림자를 드리운다.

10
인공지능 시대의 교사

괘도에서 파워포인트로

        어릴 적 학교와 지금의 학교를 비교하면 많은 것이 달라졌음을 느낀다. 먼저 교실 기자재의 변화가 눈에 띈다. 예전에는 큰 괘도掛圖를 걸어 놓고 수업했다. 오늘날에는 파워포인트로 자료를 띄우는 것이 일반적이다. 옛날에는 컴퓨터를 '콤퓨타'라고 발음하던 선생님도 있었다. 특별한 수업에서는 필름 영사기로 자료를 띄우기도 했고, 에어컨도 난방기도 없어 천장의 선풍기와 기름 난로가 교실을 시원하게도 따뜻하게도 했다. 각 교실에는 오르간이 있어 선생님이 음악 시간에 직접 연주해 주셨다.

  매주 월요일 아침 운동장에서 애국 조회를 하며 국기에 대한 경례 곡과 교장 선생님의 훈화 말씀을 들었다. 그때 선생님의 눈에 내가 흙장난을 치는 모습이 보일 리 없다고 생각했지만, 교사가 되니 멀리서도 학생들의 행동을 쉽게 알 수 있다는 것을 깨달았다. 애국 조회에서 구령대에 올라가 상을 받는 학생들은 부러움의 대상이었다. 또 그 당시의 선생님은 다가가기 어려운 존재였지만, 지금은 친근한 존재다. 점점 학생들이 자기 의견을 자유롭게 말할 수 있는 분위기가 형성된 것도 긍정적인 변화다. 학부모들의 태도도 달라졌다. 예전에는 특별한 일이 아니면 학교에 민원을 제기하지 않아서 교사의 권위가 부당하게 남용되는 사례가 많았다.

수업 방식도 크게 달라졌다. 내 학창 시절에는 유머를 섞어 이해하기 쉽게 설명하는 선생님이 멋져 보였다. 그때는 교과서의 권위가 절대적이었고, 지식 전달형 수업이 주를 이뤘다. 따라서 수업 연구도 지식을 효과적으로 전달하는 데에 초점을 맞추어 이루어졌다. 반면 지금은 교사들이 학생 참여형 수업을 위해 끊임없이 연구하며, 다양한 방법의 학습 형태를 추구한다.[1]

이 모든 과거의 장면은 내가 직접 겪었던 학교의 풍경이다. 막 교직에 들어선 20대 선생님들에게는 상상도 못 할 교실 풍경일 것이다. 가끔 그들과 이야기를 나누면 그들은 내가 겪었던 어린 시절에 놀라운 눈빛을 보낸다. 마치 나의 윗세대 선생님들이 월급을 봉투에 담아 받고, 공문서를 수기로 작성하던 이야기를 들었을 때 내가 보였던 눈빛과 흡사하다. 메신저 프로그램으로 업무 소통을 하는 대신 학생을 통해 교실마다 쪽지를 전달하던 아날로그적인 방식도 이제는 아련한 추억으로 기억에 남는다.

내가 기억하는 것들이 단순한 감상에 머물지 않고 미래를 향한 밑거름이 되어야 한다. 사회는 매 순간 변화하고 있으며 바로 이 순간에도 누군가는 그 변화를 주도하고 있다. 그러나 교육의 변화는 여전히 굼뜨다. 교육과정이 바뀌고 입시 전형은 다양해졌지만, 여전히 수능이 교육의 중심에 있고 대학의 위상 또한 크게 흔들리지 않았다. 사회가 변하지 않으면 교육의 변화도 한계가 있다. 하지만 대학 입시에 맞춘 교육에서 벗어나 21세기에 필요한 역량을 갖추도록 돕는 교육이 이루어진다면 교육은 변화를 따라잡는 것을 넘어 변화를 이끄는 힘이 될 것이다.

학생이 초등학교에 입학해 고등학교를 졸업하는 데 12년이 걸린다. 한 학생이 학교에 다니는 동안 온전히 하나의 교육과정으로만 교육을 받았을 리는 만무하다. 왜냐하면 디지털화, 세계화, 인공지능의 발전 등 빠르게 변하는 사회에 맞추기 위해 교육과정을 수시로 개정하기 때문이다. 시대의 흐름에 따라 교실은 다양한 기자재와 변화된 분위기로 채워졌지만, 여전히 국가 교육과정에 따라 가르쳐야 할 과목과 할당된 진도는 변함없이 이어지고 있다. 이는 외관상으로 교육이 쉽게 바뀌지 않는다는 인상을 준다. '교육이 변한다'는 말에는 두 가지 기준이 담겨 있다. 하나는 수업 내용의 변화, 다른 하나는 수업 방식의 혁신이다.

오늘날 6학년 학생들이 실과 시간에 배우는 코딩은 내가 어릴 적 공부했던 교과서에는 없던 내용이다. 이는 시대의 흐름에 따라 자연스럽게 수업 내용이 추가된 것이다. 또한 '거꾸로 교실'과 같은 혁신적 수업 방식은 단순한 지식 전달을 넘어 학생 스스로 문제를 고민하고 고차사고력을 키우는 데 초점을 맞춘다. 이러한 변화는 교육이 학생을 어떻게 준비시키는가에 대한 깊은 성찰을 요구한다.

우리는 한때 군사훈련을 포함했던 교련 과목이 사라지는 과정을 목격했다. 교련은 광복 전 일본이 학생들을 군국주의 침략의 방패로 삼기 위해 실시한 과목으로,[2] 인성과 창의성을 중시하는 현대 교육의 방향성과는 거리가 멀다. 오늘날 교육은 규율을 강요하는 인재상을 지향하지 않는다. 전통적 교육 내용이 시대적 요구에 따라 자연스럽게 없어져야 했듯 수업 방식의 혁신 또한 주목할 필요가 있다. 진정한 교육의 변화를 끌어내려면 내용뿐 아니라 교육 방식의 혁신이 함께 따라야 한다.

협력적 문제 해결과 창의력

우리 앞에는 기후변화와 환경 문제, 경제적 불평등, 감염병 확산, 교육 기회의 불균형 등 전 지구적 과제들이 산적해 있다. 이러한 문제들은 인류가 이룬 기술혁명의 부산물임과 동시에 하나의 문제를 해결하는 과정에서 또 다른 문제가 발생할 수 있음을 보여 준다. 나열한 문제들은 개인은 물론 특정 국가의 힘만으로 해결할 수 없다. 이럴 때일수록 전 세계 여러 나라가 협력하여 함께 대응해야만 한다.

앞서 말했듯 인류가 맞닥뜨린 공공의 문제는 어느 한 개인이나 집단의 노력만으로는 해결하기 어렵다. 이는 전 지구적 문제뿐 아니라 하나의 사회나 공동체 내부에서도 마찬가지다. 그렇기에 우리는 문제를 해결하는 방식 자체를 바꿔야 한다. 그 핵심 키워드는 '협력'과 '창의력'이다. 지금까지의 교육이 개인의 경쟁과 성취에 초점을 맞췄다면, 이제는 '협력'과 '공존'의 가치를 실천하는 방향으로 전환되어야 한다. 공공의 문제를 함께 인식하고, 공동으로 해결하려는 태도는 교육을 통해 길러질 수 있기 때문이다. 이에 따라 대한민국 교육은 오래전부터 협력적 문제 해결의 중요성을 강조해 왔다.

교사들은 직소jigsaw 모형과 같은 협동 학습 기법을 비롯해, 프로젝트 기반 학습(PBL), 토의·토론 중심 수업, 융합형 교과 재구성(STEAM 교육) 등 다양한 수업 방식을 교육과정에 적극적으로 적용해 왔다. 학교 차원에서도 학생자치활동을 활성화하여 학생과 교사가 함께 실제 학교의 문제를 인식하고 해결해 나가는 협력 문화를 조성하고 있다. 이러한 교육적 실천은 학생이 다양한 배경을 가진 친구들과 협력하며 갈등을 해결하고 중재하는 능력을 기르는 데 기여한다. 친밀한 친구들과의 협력에 그치지 않고 서로 다른 점을 지닌 이들과 손을 맞잡을 수 있는 힘이야말로 오늘날 가장 필요한 역량이다. 이는 단순한 지식 전달을 넘어 상호 이해의 깊이를 더하는 필수적인 교육적 실천이기도 하다.

여기에 더해 기후변화, 불평등과 같은 복잡한 문제를 해결하기 위해서는 기존의 틀을 깨는 창의적 사고가 반드시 요구된다. 따라서 지금 우리 교육에 필요한 또 하나의 축은 바로 '창의력'을 기르는 교육이다. 고정된 사고방식으로는 예측 불가능한 시대의 문제에 효과적으로 대응하기 어렵다. 예를 들어 지구온난화의 주요 원인은 온실가스다. 화석연료를 사용하는 과정에서 배출되는 이산화탄소, 농업과 축산업에서 발생하는 메탄과 아산화질소 등은 지구 온도를 가파르게 끌어올리고 있다. 특히 소의 방귀에서 발생하는 메탄은 이산화탄소보다 수십 배 더 강력한 온실가스로, 환경에 미치는 영향이 막대하다.

이러한 맥락에서 덴마크가 2030년부터 농가에서 배출하는 이산화탄소 1톤당 300크로네(한화 약 6만 5,000원)의 세금을 부과하겠다고 발표한 것은 결코 우연이 아니다.[3] 이는 기후변화에 대응하기 위해 정책을 실천한 하나의 예로서 앞으로 문제를 해결하는 데 더욱 다양한 접근이 필요함을 시사한다. 이처럼 세금 부담과 같은 전통적인 방식을 통한 문제 해결에 더해 일부 과학자들은 실험적이지만 창의적인 방식으로 새로운 해결 가능성을 제시하고 있다.

최근에 소개된 한 유튜브 영상에서는 성층권에 분필, 즉 탄산칼슘을 뿌려 태양빛을 반사시키는 발상을 다루고 있다. 물론

이 아이디어는 아직 실험 단계에 있다. 비록 화석연료 문명을 친환경 에너지 문명으로 근본적으로 전환하는 해법은 아닐지라도, 환경 개선을 위한 시간을 버는 참신한 전략이 될 수 있다.[4] 이러한 해법의 제시는 창의적 해결책을 모색하는 과정과 창의력을 함양하는 교육의 필요성을 다시금 일깨운다. 기존의 틀에서 벗어나 새롭고 유연한 사고를 기르는 교육은 앞으로 더욱 중요한 과제가 될 것이다.

21세기의 교육은 시대적 현안과 결코 무관할 수 없다. 교육은 사회, 경제, 환경 문제와 깊이 얽혀 있으며, 특정 분야의 도구로 사용될 때조차 깊은 논의와 성찰을 전제해야 한다. 결국 교육은 오늘날 우리가 직면한 문제를 있는 그대로 바라보고, 이를 해결할 수 있는 실천적 역량을 기르는 역할을 맡아야 한다. 협력과 창의력은 그 중심에서 교육이 추구해야 할 핵심 가치다.

인간 교육자의 가치

인공지능이 가져올 변화에 대비하는 교육이 절실하다. 2023년 월스트리트 저널 AI 컨퍼런스에서 사업가 비노드 코슬라는 "AI가 앞으로 10년 안에 모든 일자리의 80%를 대체하는 게 (기술적으로) 가능하다"고 말했다. 오픈AI의 CEO 샘 올트먼 역시 "AI가 창의적인 일도 인간들이 생각했던 것보다 더욱 쉽게 해내고 있다"고 언급했다. 이는 노동의 본질이 근본적으로 변할 것임을 경고한다.

기술은 과거에도 일자리 구조를 바꿔 왔다. 농업에 종사하던 미국인의 비율은 1970년대 4%로 급감했다. 19세기 산업혁명기에 기계화에 저항했던 러다이트운동처럼, 기술 변화를 거스를 수 없다는 역사의 교훈은 인공지능 시대에도 유효하다. 인공지능을 파괴하려는 시도는 무모하다. 중요한 것은 인간이 어떤 영역에서 여전히 고유한 가치를 가질 수 있는지를 고민하는 일이다.

그렇다면 교육계에서 교사의 역할[5,6]은 사라지는 것일까? 미래 경제학자인 에릭 브리뇰프슨Erik Brynjolfsson, 1962~과 앤드루 맥아피Andrew McAfee, 1967~는 이러한 질문에 대한 답으로 교육자들이 미래에도 여전히 중요한 역할을 할 것이라고 주장한다. 이들은 인공지능이 데이터를 분석하고 정보를 처리하는 데 뛰어난 능력을 발휘하더라도, 감정과 관계를 형성하는 능력 그리고 비판적 사고와 창의적인 문제 해결 능력은 여전히 인간 교육자가 제공할 수 있는 고유한 가치라고 강조한다.

특히 인공지능이 합리적 사고에서는 인간을 능가하더라도 여러 분야를 통합해 감동을 만들어 내는 직관적 사고에서는 아직 인간을 따라올 수 없다. 따라서 우리는 교과 간 분절을 넘어서는 교육을 지향해야 한다. 미술 수업 속에 수학적 사고를, 체육 수업 안에 음악적 감각을 녹여 내는 시도는 초등교육 현장에서 이미 이루어지고 있으며 앞으로 더욱 강화해야 한다. 물론 일부 과목은 단원 간 계열성을 고려해야 하지만, 통합적 사고와 감수성을 기르는 교육은 미래를 준비하는 데 필수적이다.

디지털 시민과 공감의 능력

기술이 빠르게 발전하면서 일부에서는 학교가 필요 없어질 것이라는 극단적인 주장도 제기된다. 학생들이 스스로 학습하고 이를 감독하는 시스템만 존재한다면 굳이 학교라는 물리적 공간은 필요하지 않을 것이라는 예측이다. 하지만 나는 아무리 기술이 발달하더라도 학교는 결코 사라지지 않을 것이라 믿는다. 학교는 학생들이 서로 소통하고 협력하며 함께 규범을 만들어 가는 살아 있는 공동체이기 때문이다. 이러한 민주 시민의 문화는 단순히 기술로는 결코 대체할 수 없다.

소통의 핵심은 바로 '공감'이다. 오히려 미래 사회에서는 다양한 기계와 로봇에 둘러싸인 인간이 서로 간의 애착과 연결을 더욱 절실히 필요로 하게 될 것이다. 학교는 이러한 공감 능력을 기르는 데 가장 효과적인 장소다. 학생들은 학교라는 공간에서 타인의 감정을 이해하고 배려하는 법을 배운다.

하지만 공감 능력은 단지 얼굴을 마주 보며 감정을 나누는 데에만 그치지 않는다. 디지털 기술이 일상 속 깊이 들어온 지금 우리는 온라인 공간에서도 공감할 줄 아는 시민, 즉 디지털 시민이 되어야 한다. 정보를 그저 소비하는 수준을 넘어서 타인을 이해하고 공동체를 지켜 내기 위한 디지털 리터러시가 점점 더 중요해지고 있다.

실제로 온라인 공간에서 얼굴 없는 대화가 일상화되면서 악성 댓글이나 혐오 표현, 가짜 뉴스 등 공감 결여로 나타난 문제들이 사회 전반에 영향을 미치고 있다. 이러한 문제를 극복하기 위해서는 기술을 다루는 능력뿐 아니라 기술 속에서 '사람'을 중심에 두는 태도, 즉 디지털 공감 능력이 반드시 필요하다.

최근 급속히 발전하는 인공지능 기술은 우리에게 새로운 윤리적인 질문을 던진다. 예를 들어 생성형 AI가 생산하는 콘텐츠가 누군가의 권리를 침해하거나 특정 편견을 강화할 위험이 있다면 우리는 어떤 태도를 가져야 할까? 이러한 물음에 답하는 과정 또한 공감에서 시작된다. 타인의 입장을 상상하고 자신의 판단을 조절하는 능력은 AI 윤리 교육의 핵심이기도 하다. 그리고 이러한 역량은 단지 정보를 아는 것으로는 길러지지 않는다.

공감과 성찰, 공동체적 책임감은 학교라는 공간에서 사람과 사람 사이의 만남을 통해 배우는 삶의 태도다. 디지털 리터러시 교육이나 AI 윤리 교육 역시 기술이 아니라 사람을 중심에 둘 때 비로소 제 역할을 할 수 있다. 결국 학교는 인간성을 키우는 터전으로서 미래에도 중요한 역할을 할 것이다. 이는 인공지능 시대에 인간의 고유한 가치를 지키고 사회를 더욱 풍요롭게 만드는 데 필요한 교육적 기반이 된다.

디지털 연가시와 스마트폰[7]

　　　　　　　　　스마트폰은 이제 우리 삶의 일부가 되었고, 교육과 무관해 보이지만 실은 매우 깊게 연결되어 있다. 아이들이 스마트폰을 스스로 조절할 수 있는 능력을 기르는 일은 가정과 학교가 반드시 함께 고민하고 지도해야 할 과제다. 교실에서 멍하니 있거나 딴짓하는 아이들이 늘고 있다. 개인차라고 넘기기엔 집중력에 관한 걱정이 크다. 특히 발달의 결정적 시기인 유년기에 스마트폰과 친해진다면 그 영향은 평생 지속될 수 있다. 이런 우려 속에서 TV 프로그램 〈미래수업〉에서 노규식 정신건강의학과 전문의가 던진 경고는 더욱 깊은 울림을 준다.

　알파 세대(2010년 이후 출생한 세대)는 문자보다 영상에 익숙하고, 콘텐츠의 중요성보다 재미를 우선시하는 '유목 학습자'로 자란다. 이들이 스마트폰에 쉽게 끌리는 것은 뇌의 보상 시스템 때문인데, 우리의 뇌는 원시시대부터 지금까지 '즉각적인 만족'을 추구해 왔다. 스마트폰은 이 욕구를 정확히 겨냥한 합법적인 중독 도구다. 성인도 스마트폰 중독에서 자유롭지 못한데 하물며 디지털 환경에 태어난 아이들은 어떨까. 방송에 소개된 뇌파 분석 결과는 충격적이었다. 스마트폰에 중독된 아이들의 뇌는 전두엽과 측두엽 기능이 현저히 떨어진 반면 후두엽, 즉 시각 자극을 처리하는 부분만 과도하게 활성화되어 있었다. 이 상태가 지속된다면 감정을 조절하는 능력, 언어적 능력이 떨어지고 지적 활동은 줄어들 것이다.

성장기 뇌는 쓰지 않는 신경망을 제거하는 '가지치기' 과정을 거친다. 잘려 나간 가지는 회복이 어렵고, 특정 시기를 놓치면 다시는 복구되지 않는다. 스마트폰을 오래 본 아이는 정보 처리 속도에 중요한 백질의 밀도가 낮아지고, 이는 언어 발달 저하로 이어진다. 전문가들은 이 현상을 "아이의 뇌가 파충류 수준으로 퇴화하는 것"에 비유한다. 실제 연구에서도 스마트폰을 자주 사용하는 아이는 정서 조절 능력이 낮고, 부정적 감정을 더 자주 표현하는 것으로 나타났다. WHO는 12개월 미만 영아에게는 스마트폰을 아예 금지하고, 만 2세까지는 사용을 제한할 것을 권고하고 있다.

이와 같은 뇌 발달의 문제는 학력 저하로도 이어진다. OECD가 실시한 PISA[8] 결과에 따르면 우리나라 학생들의 읽기 능력은 꾸준히 떨어지고 있다. 문해력은 성인이 되었다고 저절로 생기지 않는다. 골든타임을 놓치면 읽고 이해하는 능력은 자라지 않는다. 문해력 부족은 단지 성적 저하를 넘어서 인간관계, 진로, 삶 전체를 위협할 수 있다. 스티브 잡스조차 자녀에게 디지털 기기를 제한했듯이 디지털 세대의 아이를 기르는 우리 모두에게 각성이 필요하다. 편리함은 잠시고, 그 대가가 아이의 뇌라면 우리는 무엇을 희생하고 있는가.

지금이야말로 '개인의 자율'이라는 이름으로 방치된 스마트폰 사용 문제에 대해 가정뿐 아니라 사회 전체가 함께 책임지는 교육적 전환이 필요하다. 학교는 스마트폰을 '사용하는 법'만이 아니라 '절제하는 법'을 가르쳐야 하며, 가정과 지역사회는 그 교육이 생활 속에서 지속될 수 있도록 함께해야 한다. 아이의 손에 스마트폰을 쥐여 주는 일은 단순한 놀이가 아니라 뇌의 구조를 치명적인 상태로 바꾸는 일이기 때문이다. 나아가 국가 차원에서도 뇌 발달, 문해력 저하, 중독 문제 등에 대해 근거에 기반한 정책을 마련해야 한다. 교육의 미래는 교실 안에서만 만들어지지 않는다. 집과 학교 그리고 사회 전체가 함께 아이의 뇌를 지켜 내야 한다.

11. 각자의 재능 영역 키워 주기
12. 딜레마 토론과 실천적 도덕 교육
13. 세상에 뚱딴지같은 질문은 없다
14. 즐거우면 몰입한다
15. 인공지능으로 인간지능을 키운다

III 나쁜 교사의 교육법

11
각자의 재능 영역 키워 주기[1,2]

과제 수행의 개인차

"선생님! 저 범수랑 모둠 활동하기 싫어요." 몇 년 전의 일인지 가물가물하다. 조별 과제 활동 중 대호가 툴툴거리며 내게 말했다. 범수 역시 씩씩거리며 대호를 노려본다. 예전의 나 같았으면 무슨 일이 벌어졌는지 알아보려 댓바람에 달려갔을 것이지만, 또다시 일어날 법한 일이 왔다는 듯 의연하게 다가갔다. 무슨 일인지 묻자, 대호는 범수가 모둠 활동에 참여하지 않는다고 했다. 그러자 범수는 억울함을 드러내고 주먹을 쥐었다. 분노를 삭이는 표정이 역력했다.

"자, 범수가 어떻게 된 일인지 말해 볼까?"

"저는 해 보려고 하는데, 옆에서 대호가 자꾸만 빨리하라고 하니까 하기 싫어져요. 그래서 가만있었어요. 평소에도 그렇고 대호가 수업 시간에 저를 무시한다는 느낌이 들어요."

"내가 언제 무시했다고 그래? 네가 너무 느려 터져서 말했을 뿐이야. 그리고 네가 잘 모르고, 못하는 것도 사실이잖아!"

"그렇다면 영호도 똑같이 느리게 했는데 왜 나한테만 그래? 똑같이 대해야 무시하는 게 아니지. 이건 나를 무시하는 거야!"

"네가 이것도 못 하니까 그런 거지!"

사건의 대략적인 경위를 파악한 뒤 쉬는 시간에 두 학생을 다시 불러 자세히 상담하기로 했다. 그날 수업에선 모둠별로 협동해 학습지의 빈칸을 채우는 활동이 진행되었다. 정답의 단서는 교과서 속에 있었다. 대호의 모둠은 제한된 시간 안에 과제를 끝내기 위해 역할을 나누고, 각자 교과서를 찾아 정답을 공유하는 방식으로 문제를 해결하고자 했다. 하지만 범수는 글의 내용을 이해하는 속도가 느린 편이었다. 대호의 눈에는 그런 범수가 마치 느릿느릿 기어가는 달팽이처럼 답답하게 보였을지도 모른다.

대호는 다양한 지식을 갖춘 소위 모범생이다. 매사에 철저하고, 정보처리 속도도 빠르다. 그런 대호의 눈엔 범수가 성실하게 참여하지 않는 학생처럼 보였을지도 모른다. 범수는 자기가 맡은 부분이 교과서 어디쯤에 있는지 감을 잡지 못해 책장을 이리저리 넘기며 갈팡질팡했다. 과제를 할 마음이 없었던 건 아니다. 다만 조금만 늦어도 다그치는 대호의 말투에 화가 난 것이었다. 그래서 홧김에 "너나 잘해, 난 하고 있어!"라고 맞받아치면서 말다툼이 벌어졌다. 말싸움에서도 언어 구사에 능한 대호가 논리적으로 몰아붙이자 표현이 서툰 범수는 점점 더 답답해졌다. 결국 감정을 억누르지 못하고 버럭 을러대자 대호는 곧장 나에게 달려왔다.

가드너의 다중 지능 이론

"얘들아, 사람마다 저마다의 재능이 있어. 예를 들어 볼까? 우리 반 지민이는 수학을 잘하지. 계산도 빠르고 문제를 논리적으로 해결하는 능력도 뛰어나. 반면 성규는 모두 알다시피 운동을 정말 잘해. 특히 축구는 따라올 사람이 없고, 체육 시간엔 뭐든 척척 해내지. 그럼 여기서 질문 하나. 지민이는 성규가 자신보다 수학을 못한다고 해서 수학 시간에 성규를 무시해도 될까?"

"당연히 안 되죠." 아이들이 일제히 같은 답을 말한다.

"좋아. 그러면 성규가 체육 시간에 지민이와 한 팀이 되었는데, 성규가 생각하기에 지민이가 운동을 너무 못한다고 해서 다그치면 될까?"

"안 되죠." 똑같은 반응이다.

"맞아. 누구나 잘하는 게 있고, 잘하지 못하는 것도 있어. 선생님이 대학 다닐 때 수업 시간에 가드너Howard Gardner, 1943~라는 학자를 알게 됐어. 우리는 보통 지능 하면 IQ만 떠올리지? 시험 문제를 빠르게 잘 푸는 능력 말이야. 그런데 가드너는 지능을 여덟 가지로 나누고, 사람마다 다른 지능을 가지고 있다고 말했어. 예를 들어 수학할 때 쓰는 지능, 과학할 때 쓰는 지능, 미술할 때 쓰는 지능이 전부 다르다는 거야. 이게 무슨 뜻일까? 단순히 공부 잘하고, 시험 점수가 높은 것만으로 누군가를 쉽게 판단하면 안 된다는 거야. 사람을 전체적으로 보려고 노력해야 해."

학자의 이름을 언급하면 여러모로 장점이 있다. 아이들은 '선생님 혼자서 한 말이 아니구나'란 생각을 가져 근거 있는 이야기로 받아들인다. 이는 교사의 논리를 보강하는 데 도움이 된다. 그리고 일반적인 말을 듣는 것보다 '지능을 여덟 가지로 나눈다'는 구체적인 말이 기억에 오래 남을 수 있다. 나는 대호를 겨냥하는 메시지처럼 말을 이었다. "그리고 설령 모든 걸 다 잘하는 친구가 있더라도, 다른 친구를 무시할 자격은 없어."

"선생님! 그런데 모든 지능이 안 좋으면 어떡하나요? 제가 그런 것 같은데요?" 동찬이가 손을 번쩍 들고 질문을 했다. 능력이 뛰어나지 않아도 언제나 씩씩한 모습을 보여 주는 동찬이를 나는 흐뭇한 미소로 바라보았다.

"가드너는 지능을 여덟 가지로 나눴지만, 어떤 학자들은 그보다 더 많은 종류가 있다고도 해. 네가 가진 재능이 아직 드러나지 않았을 수도 있어. 진로 검사를 하다 보면 너만의 숨은 능력을 발견할 수 있을 거야. 그러니까 누가 조금 부족하다고 해서 무시하지 말고, 서로 도우면서 다시 모둠 활동 시작!"

쉬는 시간이 끝나고 대호와 범수가 슬몃슬몃 다가왔다. 대호가 머리를 긁적이며 어색한 듯 입을 열었다. 옆에 선 범수도 마치 눈치를 보듯 조심스러워 보였다. "선생님! 제가 범수를 무시한 것 같아요. 생각해 보니 저도 부족한 게 많아요. 범수가 저보다 더 잘하는 것도 있고요."

"자신보다 부족하다고 해서 무시해서는 안 돼. 잘못한 부분에 대해서는 친구에게 진심으로 사과하면 좋겠다. 사람은 누구나 잘못할 수 있어. 잘못을 알고도 인정하지 않는 게 진짜 잘못이야. 스스로 인정하고 반성할 줄 아는 용기를 내 줘서 고맙다. 그리고 스스로 깨달으리라는 선생님의 믿음이 틀리지 않았다는 걸 확인시켜 줘서 고맙다."

무시해도 되는 이유

미국의 심리학자 하워드 가드너는 지능이 높은 아이는 모든 영역에서 우수하다는 기존의 획일적 지능관을 비판했다. 그는 인간의 지능이 언어, 논리수학, 음악, 공간, 신체 운동, 대인 관계, 자기 이해, 자연 친화 등 서로 다른 여덟 가지 영역으로 구성된다고 보았다. 이 이론은 IQ만으로 학생을 서열화하는 관행에 의문을 제기하며, 다양한 지능이 동등한 가치를 지닌다는 점을 강조한다. 아울러 시험 점수나 학업

능력만으로 타인을 판단하거나 무시하는 태도는 교육적으로도 인간적으로도 부당하다는 점을 시사한다.

요즘은 예체능과 기술 교과도 주지主知 교과만큼 중요하게 여겨시지만, 내가 어릴 적만 해도 국어, 수학, 영어, 사회, 과학 중심의 교육이 전부였다. 대학 진학과 취업은 주지 교과 성적에 달려 있었고 이에 따라 학부모의 관심도 철저히 그쪽에 집중됐다. 공부를 못하는 아이들과 어울리지 말라는 말조차 서슴지 않던 시절이었다. 성적과 지능이 곧 사람의 가치라는 왜곡된 시선은 지금도 완전히 사라지지 않았다.

우리 역사에서도 역시 문文을 무武보다 높이 평가해 왔다. 고려 시대에는 무과조차 없었고, 무신이 오를 수 있는 최고 관직은 정3품 상장군에 불과했다.³ 전쟁 중에도 최고 지휘관은 문신이 맡았다. 결국 무신들의 불만이 폭발해 무신정변이 일어났다. 조선시대에는 문과 무의 차별은 완화되었지만, 여전히 글공부하는 사대부가 최고의 신분으로 대우받았다. 이처럼 문을 우대하는 문화의 잔재는 지금도 교육과 사회 전반에 깊게 남아 있는 듯하다.

2022년 YTN에 제보된 유명한 사건이 있다. 커피가 가득 든 일회용 컵을 들고 버스에 탑승한 한 남성 승객이 버스 기사에게 제지를 당했다. 승객은 자신이 컵을 들고 타는 게 다른 사람들에게 피해를 주냐고 따지며, 강렬하게 각인되는 한마디를 덧붙였다. "제가 ○○대학교 ○○이거든요. 그래서 저도 배울 만큼 배운 사람이거든요. 어떻게 소송 걸까요, 그럼요? 경찰서 가실래요?"

승객은 버스 기사에게 다가가 인격을 모독하는 막말을 연달아 서슴없이 했다. 말이 오가는 과정에서 또 뇌리에 꽂힌 한마디는 "무식하면 무식한 대로 이거 (들고) 타지 말라는 법적인 근거를 대 주세요"라는 적반하장의 말이었다. 이를 참다못한 승객이 남성에게 버스 내 음식 반입 금지 조례를 찾아보라 했다. 문제의 남성은 조례는 법이 아니라서 법적 구속력이 없다고 받아쳤다. 승객은 조례는 법적 구속력이 있다고 되받아치면서, ○○대 ○○대학원에 다니면 기사님을 무시해도 되냐고 되물었다. 그에 대한 명문 대학생 승객의 답변은 놀라웠다. "저는 그렇게 느끼는데요?"

왜곡된 시선 바로잡기

학교에서 이루어지는 수학, 과학, 국어 등 주지 교과 학습은 언어 지능과 논리수학 지능이 높은 학생에게 유리하다. 어떤 이는 공부를 잘하는 학생이 다른 것도 잘한다고 말한다. 즉, 국어, 수학, 영어를 잘하는 학생이 음악이나 미술에서도 좋은 성적을 낸다는 주장이다. 이는 지능을 IQ로만 보는 전통적 관점에 기인한다. 정말 그럴까? 초등학교에서는 얼핏 그럴 수 있어 보인다. 실제로 모범생들이 모든 교과에서 고른 성적을 보이는 경우가 많다. 하지만 이는 IQ 외에도 학업 성취에 영향을 미치는 다양한 요인이 있음을 간과한 주장이다.

학업 성취에는 흥미, 학습 동기, 개인의 환경, 기질 등 복합적인 요소들이 작용한다. 국영수를 잘하는 학생이 예체능 과목에서도 좋은 성과를 내는 것은 단순히 지능 때문만은 아니다. 예체능 분야의 재능이 다소 부족해도, 끈기와 인내력 같은 성품이 보완 작용을 할 수 있기 때문이다. 실제로 상급 학교로 진학할수록 IQ와 학업 성취 간의 상관관계가 낮아진다는 연구 결과도 있다.

내가 어릴 적만 해도 교사의 설명을 잘 듣고 열심히 필기만 하면 어느 정도 성적을 유지할 수 있었다. 노력의 대부분이 개인 차원에서 이루어졌고, 협동의 기회는 거의 없었다. 하지만 성인이 되어 사회생활을 해 보니 혼자만의 능력으로는 해결할 수 없는 일이 훨씬 많다는 걸 깨달았다. 직업의 성격과 관계없이 중요한 일 대부분이 협업을 통해 이루어지고, 사소한 결정조차 여러 사람과의 회의를 거쳐야만 했다. 중요한 건 자신의 재능을 바탕으로 타인과 함께 일하며 갈등을 조율하고 문제를 해결하는 역량이다.

누구나 저마다 하나쯤은 타고난 재능이 있다. 그것이 세상을 뒤흔들 만큼 대단하지 않아도 괜찮다. 중요한 것은 자신이 할 수 있는 일 가운데 가장 흥미를 느끼고 잘할 수 있는 무언가를 찾아내는 일이다. 교사는 학생들의 다양한 가능성을 발견하고,

그 가능성이 움트고 자랄 수 있도록 따뜻하게 격려하고 이끌어 주는 사람이 되어야 한다. 그리고 새로운 가능성을 발견하기 위해 끊임없이 다양한 수업을 시도하는 교사가, '착한 교사'라는 틀에 갇히지 않도록 제도가 뒷받침되길 바란다.

12
딜레마 토론과 실천적 도덕 교육

도덕적 행동과 도덕적 사고

미국의 심리학자 로런스 콜버그Lawrence Kohlberg, 1927~1987는 도덕 발달 단계를 설명하면서 '딜레마 토론'을 강조했다. 정답이 없는 복잡한 도덕적 상황에 대한 질문을 던지고, 학생들이 각자의 판단을 논리적으로 설명하고 타인의 의견을 듣는 과정을 통해 더 높은 수준의 도덕적 사고가 발달한다는 것이다. 즉, 딜레마에 자주 노출될수록 깊은 사고와 성숙한 판단이 가능해진다.

우리가 교육에서 진짜 놓치지 말아야 할 것은 정답을 외우는 능력이 아니라 정답이 없을 수도 있는 문제 앞에서 생각하고, 의견을 말할 줄 아는 태도다. 이런 능력은 단지 정보 전달식 수업으로는 자라나지 않는다. 딜레마 상황에 직면하고, 각자의 관점에서 옳고 그름을 고민하며, 다른 의견을 부딪치고 조율해 보는 경험 속에서 길러진다. 아이들이 딜레마를 만나는 시간은 혼란스러울 수 있다. 그렇지만 바로 그 혼란이 생각을 낳고, 생각이 토론을 부르고, 토론이 성장을 만들어 낸다.

"얘들아, 오늘 도덕성 검사할 거야." 검사라는 말에 학생들의 귀가 번쩍 뜨였다. 학교에서 뭔가를 검사한다고 하면 아이들은 꼭 해야 하는 일인 양 여기며 관심을 둔다. 우리 반 학생들도 어떤 검사인지 궁금했는지 이것저것 질문을 했다.

"누구나 세상을 살아가면서 이러지도 저러지도 못하는 상황에 부닥치게 돼. 수학 공식처럼 답이 떨어지지도 않는 일 말이야. 그때 어떤 생각을 가지고 이런저런 행동을 하는 게 옳은지 고민하게 될 거야. 그런 상황을 미리 교실 속에서 만나 보면 어떨까? 고민하는 과정에서 너희들의 도덕성이 발달할 수 있어. 혹시 발달이란 말이 뭔지 설명할 수 있니?"

"다음 단계로 가는 거요."

"맞아, 발달이란 다음 단계로 성장하는 거야. 계단이 열 칸 있는데 첫째 계단에서 곧바로 열 번째 계단으로 한 번에 점프할 순 없지. 사람이 걷기 전에 기어가는 단계와 걸음마 단계 그리고 수없이 넘어지는 과정을 거치지 않았다면 지금 너희처럼 이렇게 걸을 수가 없듯이 말이야. 도덕성이란 것도 발달의 단계가 있는 거야."

아이들은 도덕성처럼 눈에 보이지 않는 영역에도 단계가 있다는 걸 알게 되었다. 콜버그에 따르면 온도는 온도계, 지능은 검사 수치로 정도를 가늠하듯 도덕성도 그 깊이에 차이가 있고 이를 단계별로 나눌 수 있다. 사람들에게 친절하게 대하고, 쓰레기를 줍거나, 목발을 짚은 친구를 도와주는 행동부터 이태석 신부1962~2010처럼 부와 명예를 버리고 남수단에서 평생 의료봉사를 한 삶까지 아이들은 모두 '착하다'는 말로 뭉뚱그린다.

아이들의 표현이 틀린 것은 아니지만 예수의 아가페적 사랑, 공자의 인仁 같은 높은 차원의 실천과 친구에게 과자를 나눠 주는 일상의 배려는 분명 결이 다르다. 그래서 '착하다'라는 가치를 학생들과 좀 더 깊이 탐구할 필요가 있었다. "콜버그라는 학자가 도덕성 발달을 세 수준, 여섯 단계로 나누었지. 오늘은 그 단계에 따라 지금 내 도덕성이 어느 수준인지 살펴보려는 거야. 이 과정을 통해 자신의 생각을 넓히는 게 중요해."

하인츠의 딜레마

어느 부인이 암으로 죽어 가고 있다. 부인을 살릴 수 있는 약을 한 약사가 발명하였다. 비록 약을 만드는 데 많은 비용이 들긴 하였지만, 약사는 제조비보다 열 배나 더 높은 2,000달러라는 가격을 매겼다. 부인의 남편인 하인츠는 약값을 구하기 위해 백방으로 노력하였으나 반밖에 구하지 못하였다. 결국 그는 약사를 찾아가 아내가 죽어 가고 있으니 먼저 약을 주면 꼭 후에 약값을 갚겠다고 사정하였지만, 약사는 들어주지 않았다. 약사는 "나도 오랜 세월 힘들여 약을 발명하였으니 돈을 벌어야 되겠소"라고 말했다. 결국 하인츠는 아내를 살리기 위해 약방을 부수고 들어가 약을 훔쳤다.

질문 1: 하인츠의 행동은 정당하다고 생각하는가?
질문 2: 왜 그렇게 생각하는가?

"하인츠가 약을 훔쳐도 된다고 생각하는 사람은 손을 들어주세요. 배우자가 없어서 잘 공감이 안 간다면, 가족 중 한 명이 암에 걸린 상황이라고 상상해 보세요."

우리 반 학생 아홉 명 중에서 일곱 명이 손을 들었다. 나머지 의견을 확인하기 위해 훔치면 안 된다고 생각하는 사람도 손들어 보라고 했다. 나머지 두 명이 손을 들었다. 예상대로 훔쳐도 된다는 생각이 압도적이었다. 확연히 갈린 의견 속에서 딜레마 상황을 심도 있게 이끌어 가기 위한 질문을 했다.

"그러면 하인츠의 도둑질은 정당하다, 즉 약을 훔쳐도 된다고 한 친구들에게 물어보겠습니다. (한 학생을 지목하며) 도둑질하면 안 된다는 건 알고 있나요?"

"당연하죠. 그래도 저라면 훔칠 거예요."

"그러면 나쁘다는 걸 알면서도 왜 그런 행동을 하나요?"

"왜냐면 우리 엄마가 이 세상에 없는 건 절대로 안 돼요."

순이는 배우자의 자리를 엄마로 대체했나 보다. 당연히 아이들에게 엄마란 존재는 세상 전부일 것이다.

"결국에는 자기 자신의 가족을 위해서 다른 사람의 물건을 훔쳐도 된다고 생각하는 거네요?"

"네, 저는 가족의 생명이 그 무엇보다 중요해요. 나쁜 짓이라고 해도 상관없어요."

"오, 생명보다 중요한 건 없다는 생각이네요. 좋은 의견이야. 혹시 훔쳐도 된다고 생각하는 친구 중에서 다른 의견 있어요?"

상현이가 번쩍 손을 들었다. 상현이는 평소 문제 자체에 의문을 제기하는 좋은 버릇이 있다.

"선생님! 2,000달러면 한국 돈으로 얼마 정도인가요? 큰돈인가요?"

"1달러는 대략 1,400원이라고 생각하면 돼요. 2,000 곱하기 1,400은 280만이죠."

"그러면 280만 원이란 건데, 그 정도 돈은 큰돈이 아니잖아요? 이 이야기는 말이 안 되는 이야기예요."

합당한 지적이었다. 물론 논제의 본질은 돈의 액수가 아니다. 2,000달러가 큰돈인지 적은 돈인지에 대한 판단이 아니라 행동에 초점이 맞춰져야 했다. 핵심이 돈이 아니므로 약간의 눈속임을 하기로 했다.

"정말 280만 원 정도밖에 안 되네. 좋은 질문이야. 그런데 상현아, 지금은 적은 돈처럼 느껴질 수 있지만 옛날엔 어땠을까? 콜버그가 하인츠 딜레마를 발표한 건 꽤 오래전 일이야. 그 당시 280만 원은 지금 돈으로 얼마쯤 될까? 선생님이 어릴 땐 새우깡이 100원이었는데 지금은 1,500원쯤 하잖아. 열다섯 배 오른 셈이지? 그렇다면 280만 원의 열다섯 배는 얼마일까?"

허점이 있는 논리지만, 아이들의 귀에는 그럴싸하게 들렸나 보다. 상현이와 아이들은 곧바로 고개를 끄덕이며 수긍했다.

"훔쳐도 된다는 친구들에게 다시 질문할게요. 이번에는 약사의 처지에서 생각해 보는 겁니다. 모두 눈을 감고 머릿속으로 선생님이 하는 이야기를 한 편의 영화로 만들어 보세요." 아이들은 지그시 눈을 감았다.

"약사는 어렸을 때부터 굉장히 가난했어. 하루 한 끼만 제대로 먹을 수 있을 정도로 지독한 가난에 시달렸지. 엎친 데 덮친 격으로 부모님은 편찮으시고, 형제도 많아서 누나가 어린 나이부터 돈을 벌며 가족들을 돌봤어. 어느 날 약사는 공원을 지나가다 맛있는 솜사탕을 먹는 친구를 보고, 자신의 텅 빈 주머니에 손을 넣어 보았지. 이때 약사는 결심을 했어. 언제까지고 이렇게 살 수 없다고 생각한 거야. 가난한 생활을 청산하기 위해서는 오로지 공부만이 살길이라 생각했어. 그 뒤로 남들이 혀를 내두를 정도로 무섭게 공부했어. 결국 고생 끝에 약대에 진학했지만 학비가 만만치 않아 여전히 누나의 지원을 받으면서 살 수밖에 없었어. 자기가 쓸 생활비 정도는 벌 수 있었지만, 비싼 등록금까지는 댈 수는 없었거든. 즉, 대학교를 들어가서 또 다른 고생이 시작된 거야."

아이들은 '맙소사!' 하며 침을 꼴깍 삼켰다. 나는 이야기를 이어 나갔다. "그렇게 6년간 힘들게 공부하며 어떻게든 졸업했어. 졸업하고도 약국을 차리기 위해 은행에 돈을 빌려야 했지. 생활은 별로 나아질 기미가 보이지 않았지만, 노력하면 미래는 더욱 나아진다는 희망을 갖고 현실의 고통을 한 고비씩 넘었어. 악착같이 버티면서 암 치료제를 연구했는데, 암세포가 더는 번지지 않도록 억제하는 물질을 화학적으로 만들어 낸 거야. 여태껏 뒷바라지한 누나에게 빚을 갚고, 부모님에게 효도하고, 동생들도 먹여 살릴 수 있겠다고 생각해서 너무 기뻤어. 약사가 살았던 때는 자기가 개발한 약의 값어치를 자신이 정할 수 있었어. 가격이 정해져 있는게 아니라 부르는 사람 마음이었던 거지. 자, 이제 눈을 떠도 돼."

선과 악의 경계

어느새 아이들 표정에 불편함이 스쳤다. 내가 어릴 땐 영화 속 선악 구도가 뚜렷하고, 결말은 늘 권선징악이었다. 하지만 요즘은 악당의 과거와 사연을 조명해 그들의 악행조차 이해하게 만드는 영화가 많다. 시청자는 악당을 연민하고, 그를 악인으로 만든 사회구조에 의문을 품는다. 선악의 경계가 흐려지는 순간이다. 예를 들어 영화 〈다크 나이트〉에서 조커는 배트맨에게 "너도 나와 같은 괴물"이라며 "네가 나를 완성시킨다"고 말한다. 이 장면은 단순한 대립을 넘어 '악'의 입장에서 '선'을 흔드는 도발이다. 누군가는 절대 선인 줄 알았던 배트맨조차 악으로 생각할 수 있다.

흔히 배트맨은 정의의 수호자로 악당과 맞서는 캐릭터라 알려져 있다. 하지만 아이러니하게도 그는 법 위에 선 존재다. 법이 미치 다루지 못하는 범죄를 폭력으로 처리한다. 조커는 이점을 파고들어 배트맨을 혼란스럽게 만든다. 결국 배트맨은 선택의 순간마다 자신의 윤리를 시험받는다. 정의를 수호하려는 의지와 방법이 또 다른 악당을 등장시키고, 사회를 지탱하는 법은 무의미해질 수 있다는 생각을 낳게 된다.

어릴 땐 선과 악이 명확한 세상에 익숙하다. 하지만 성인이 되어 마주하는 현실은 훨씬 복잡하다. 예컨대 하인츠의 딜레마 상황처럼 법적으로는 나쁜 행동이지만 도덕적으로는 옳게 느껴지는 일을 만날 수 있으며, 이런 상황에서 우리는 절대적인 기준을 잃고 혼란스러워진다.

"선생님, 너무 어려워요. 왜 이렇게 문제를 꼬아서 내요? 제가 나쁜 사람이 되는 것 같잖아요." "선생님! 왜 우리 쪽만 질문해요? 약을 훔치면 안 된다는 쪽도 어서 질문해 주세요." 아이들의 머릿속에는 이미 두 진영으로 편이 갈려 있나 보다. 선생님을 무기 삼아 상대 진영을 공격하길 원하는 눈치였다. 그러나 내 편과 네 편으로 진영을 갈라 싸우는 건 내가 바라는 바가 아니었다. 얼마든지 도중에 생각이 바뀔 수 있다는 걸 깨우칠 필요가 있었다.

"훔치면 안 된다는 친구들에게도 할 질문이 많아요. 그런데 그 전에 이 토론은 두 편으로 갈라서 싸우기 위한 자리는 아니야. 물론 그런 성격의 토론도 있지만 말이야."

"어떤 토론이요?"

"혹시 대통령 선거나 국회의원 선거 후보자 토론을 본 적 있어? 후보자들이 한 치의 양보도 없이 토론으로 서로를 철저히 검증하는 걸 볼 수 있어. 그런데 토론 중 갑자기 어느 한 사람이 '김 후보자님의 생각을 들으니 저보다 더 훌륭하신 분이라 느껴지네요. 이번 선거는 제가 사퇴하겠습니다. 우리 국민을 잘 부탁합니다'라고 하진 않잖니?" 진지한 분위기 속에서 웃음이 터졌다. "그럼 약을 훔치면 안 된다는 쪽의 의견을 들어 볼까?"

도현이가 기다렸다는 듯 번쩍 손을 들었다. "당연히 도둑질은 나쁜 거니까요. 법을 어기는 게 옳은 일은 아니잖아요."

"맞아요. 법을 어기면 당연히 안 되죠. 절도죄에 해당합니다. 그렇지만 지금 같은 상황에는 어기고 싶지 않나요? 사랑하는 가족의 죽음을 속수무책으로 보고만 있을 건가요?"

"딱한 사연을 신문이나 방송으로 알리고, 모금 운동을 할 거예요."

"그럴 수도 있겠네요. 하지만 암에 걸린 환자에게 하루하루는 정말 큰 시간입니다. 돈을 모으는 시간에도 환자의 암세포는 점점 번지고 있어요. 모금이 짧은 시간 안에 이루어지는 게 아니기 때문에 지금 약을 훔치면 환자를 살릴 확률이 늘어날 거예요. 그리고 하인츠처럼 이 약이 필요한 사람이 있는데 그 사람은 2,000달러가 있어요. 약은 하나밖에 없고, 그 사람이 하나 남은 약을 사려 하고 있어요. 약을 제조하는 데는 시간이 꽤 들어요. 왜냐하면 저 멀리 있는 빅토리아 호수 근처에만 자란다는 희귀한 식물을 재료로 써야 하거든요. 그래도 신념을 지킬 수 있을까?"

"선생님, 왜 자꾸 문제를 더 꼬아요. 너무해요."

너무하다고 말한 도현이는 나중에 반대쪽으로 생각이 기울었다. 결국 우리 반 학생 모두 약을 훔쳐도 된다는 입장이 되었다. "배움이란 일생 동안 알고 있었던 것을 어느 날 갑자기 완전히 새로운 방식으로 이해하는 것이다." 이 말은 노벨 문학상을 수상한 도리스 레싱의 명언으로 배움의 성격을 가장 적합하게 표현한다고 생각한다.

법과 규칙을 지키는 건 중요하다. 하지만 시선을 조금만 달리하면 그보다 더 본질적인 상위 가치들이 존재한다는 걸 알 수 있다. 이를 깨닫고 다시 법을 바라보면 전혀 다르게 보인다. '악법도 법'이라는 말이 있지만 완벽한 실정법은 없다. 인종차별을 정당화한 남아공의 아파르트헤이트Apartheid 나 의회와 헌법의 제약

없이 법을 만들 수 있다는 나치의 전권법Ermächtigungsgesetz 또한 명목상으로는 법이었다. 그렇다고 우리가 그것을 따라야 할까? 낡은 법을 무너뜨리는 힘은 아는 것을 새롭게 보는 자각에서 나온다. 아이들에게 학습지를 나눠 주며 지금까지 나눈 이야기를 정리하게 했다. 검사의 형식을 띠고 있지만, 이 수업에서는 결과보다 스스로 사고한 '과정'이 더 중요하다.

하인츠의 행동이 정당하다는 생각을 가지고 우리 반 학생들이 작성한 답안을 살펴보면 흥미롭다. 첫 번째 질문은 '약을 훔쳐야 한다고 생각합니까?'였고, 모든 학생이 '네'라고 답했다. 두 번째 질문은 '왜 그렇게 생각합니까?'였는데 답변이 제각기 달랐다. 학생들의 개성이 드러난 두 번째 답변들을 맞춤법만 약간 손을 봐서 일부 소개한다.

- 약사의 사정도 이해하지만, 내 가족이 더 많이 중요하기 때문이다.
- 약사도 자신의 가족만 생각하는데, 나라고 그렇게 하지 말란 법이 없다. 따라서 나도 가족을 생각해서 훔칠 수 있다.
- 약사가 그 약을 개발하려고 엄청나게 고생했다지만 사람마다 모두 죽도록 고생하는 일이 있고, 나도 엄마가 죽으면 죽도록 슬플 것이다.
- 약을 만든 사람이 약값을 정하는 게 당연한 시대라지만, 값을 열 배까지 올리는 건 좀 아니다.

- 약을 훔친다면 아내를 살릴 수 있다. 또한 그 처벌로 감옥에 가도 몇 년 또는 몇 개월만 있으면 집에 올 수 있다.
- 가족을 살릴 수 있는 시간이 얼마 남지 않았기 때문에 훔쳐도 된다.
- 일단 훔치고 나중에 배상해 주면 된다.
- 약사가 내 입장을 역지사지한다면 약사도 나처럼 약을 훔칠 것이다.
- 가족을 살리고 싶다. 안 살리면 후회가 클 것 같다.

아이들은 도덕 교과서에 적힌 규범만으로는 판단하기 어려운 상황을 놓고 치열하게 토론했다. 이 과정에서 '절대 훔치면 안 된다'는 단순한 규칙을 넘어 각자의 삶과 감정을 진지하게 들여다보는 태도를 보여 주었다. 도덕은 외워야 할 정답이 아니라 서로 다른 삶의 사정을 마주하며 고민하고 조율하는 과정임을 몸소 경험한 것이다. 결론이 어떠하든 도덕적 토론을 거쳐 내린 판단은 단순히 규범을 수용하는 일과는 본질적으로 다르다. 무조건 정해진 규칙을 따르는 것은 '옳음'을 외부에 맡기는 것이지만, 스스로 갈등하고 질문하며 판단하는 일은 자신만의 윤리를 만들어 가는 과정이다. 아이들은 이번 토론을 통해 도덕이란 정답이 아닌 질문에서 출발한다는 사실을 배웠다.

콜버그 이론의 한계와 실천적 도덕 교육

콜버그는 도덕성 발달을 3수준 6단계로 나누었다. 세 수준은 전前인습적, 인습적, 후後인습적 수준이며, 인습은 기존의 풍습이나 규범을 그대로 따르는 것을 뜻한다. 영어로는 'conventional'로 관습적인, 평범한이라는 의미다. 쉽게 말해 법과 규범, 규칙처럼 사회적 상식이 된 기준을 떠올릴 수 있다.

전인습적 수준에 머무는 사람은 도덕적 판단의 기준이 전통적인 규범이 아니라 개인의 욕구나 외부의 물리적 힘에 좌우된다. 자기중심적이며 보상이나 처벌 여부, 등가교환의 원리에 따라 행동을 결정한다. 인습적 수준은 타인의 입장을 고려하고 사회적 질서나 평판을 중시하며 도덕 판단을 내린다. 후인습적 수준의 사람은 법과 규범의 본질을 넘어서 보편적인 가치와 도덕 원리에 따라 사고한다. 법은 인간이 만든 도구이며, 기본권을 보장하는 수단일 뿐 절대적인 목적이 아니기 때문이다.

콜버그는 이 3수준을 6단계로 더욱 세분화했다. 1단계는 벌과 복종의 지향(벌의 회피 및 복종 중시)으로, 벌을 받는 행동이 잘못된 행동이라고 생각하는 단계이다. 따라서 처벌을 받지 않기 위해서 규칙을 지킨다. 2단계는 도구적 지향(욕구 충족과 거래 중시)으로, 다른 사람과 나의 의견이 다를 수 있는 상황은 인지하지만, 자신의 욕구 충족을 도덕적 판단의 기준으로 삼는 단계이다. 3단계는 조화로운 대인 관계 지향(평판 중시)으로, 다른 사람으로부터 내려지는 평판을 고려하여 착한 사람이 되고자 하는 단계이다. 4단계는 법과 질서 지향(법과 질서 중시)으로, 타인과의 관계를 벗어나 법과 질서를 준수하고 사회 속에서 개인의 의무를 다하는 단계이다. 5단계는 사회계약 정신 지향(사회계약 중시), 6단계는 보편적 도덕 원리 지향(보편적 윤리 중시)으로, 어른이라도 이 두 단계에 진정한 의미로 도달하기는 쉽지 않다. 5단계는 사회적 책임으로서의 공리주의와 가치 기준의 일반화를 추구하며, 6단계는 스스로 선택한 도덕 원리와 양심의 결단에 따른다. 5단계와 6단계는 굉장히 추상적이고 도덕적 상황과 가치에 대한 깊은 사유가 필요하다. 스스로 선택한 도덕 원리라고 해서 자신의 마음대로 행동한다는 뜻이 아니다.[2]

우리 반 학생들은 만장일치로 가족을 살리기 위해 약을 훔치는 선택을 했다. 흥미롭게도 작성한 답안을 바탕으로 대화를 나눠 보니 대부분이 2단계 수준의 이유를 들었다. 실제로 콜버그는 8~11세 아이들이 주로 이 단계에 속한다고 보았다. 콜버그의 이론은 도덕성 발달의 단계를 제시함으로써 자신의 도덕적 수준을 성찰하고, 도덕적 딜레마를 통해 추론 능력을 기를 수 있는 교육적 가치를 지닌다. 그러나 이 이론에도 한계는 있다. 가장 큰 문제는 도덕 발달 단계와 실제 행동이 불일치할 수 있다는 점이다. 이는 도덕성을 인지적 측면에만 초점을 맞추었기 때문이다.

도덕적 행동은 머릿속 판단이 선행되어야 하지만, 도덕적 지식이나 추론 능력이 곧바로 행동으로 이어지지는 않는다. 예컨대 공영 주차장이 근처에 있음에도 가정집이나 상가 입구에 차를 대는 행위를 들 수 있다. 이는 본인의 편의만을 우선시한 행동이다.

지행일치知行一致는 남송의 주희가 강조한 개념으로, 아는 바(知)를 실천(行)에 옮기는 것을 의미한다. 이는 실천 이전에 알아야 한다는 선지후행先知後行의 맥락에서 이해된다. 주희는 앎과 행함을 구분하고 앎은 실천의 수단, 실천은 앎의 목적이라고 보았다. 반면 명나라의 왕수인은 지행합일知行合一을 주장하며, 앎과 실천은 분리될 수 없다고 보았다. 노상방뇨를 해선 안 된다는 사실을 알고도 행동을 저질렀다면 진정한 앎이 없었기 때문이라고 해석한다. 나는 성리학과 양명학 중 무엇이 옳은지 판단할 학문적 깊이는 부족한 교사다. 그러나 두 입장이 공통적으로 '실천'의 중요성을 강조한다는 점은 분명히 알고 있다. 진짜 도덕성은 실천을 통해 드러난다.

도덕 교육의 방향

중학생 시절 어머니의 권유로 노인 요양 시설에 봉사 활동을 하러 간 적이 있다. 그 시절의 나는 봉사를 귀찮은 일로 여겼고, 빨리 끝내고 게임을 하려는 생각으로 머릿속을 가득 채웠다. 시설에 들어서자 코를 찌르는 냄새에 당황했고 후회가 밀려왔다. 그러나 4시간의 봉사 시간이 흐른 뒤 마음

속에 작은 변화가 생겼다.

내가 맡은 것은 청소와 목욕 보조, 말동무, 이동 지원 등 낯설고 불편한 일들이었다. 그러나 어르신들과 눈을 맞추고 대화를 나누며 점점 정이 들었다. 말이 통하지 않아도 시선과 몸짓에서 전해지는 고마움은 분명히 느껴졌다. 악취와 고된 일에도 불구하고 누군가에게 실질적인 도움이 되었다는 사실이 뿌듯함으로 다가왔다. 교육학자 피터스가 말한 "습관의 뜰을 지나야 이성의 궁전에 이를 수 있다"는 교육적 금언이 떠올랐다. 어렴풋이 아는 것도 일단 해 보는 것이 중요하다는 사실을 그날 몸으로 배웠다.

한계점이 있지만 여전히 콜버그의 도덕성 발달 이론은 도덕에서 학문적으로 중요한 이론이다. 학생마다 딜레마 상황에서 논리를 전개하는 방식이 다르다. 어릴수록 또래의 영향을 많이 받는다. 따라서 친구들의 다양한 사고방식을 서로 활발하게 접하면서 자신의 사고를 돌이켜 성찰하는 과정은 분명 도덕성 함양에 도움이 될 수 있다. 인지적 측면에만 기운 수업을 보완하기 위해서는 학생 주도성 프로젝트 형태로 수업을 설계하여 지속적인 실천을 경험하는 교육이 필요하다. 실제로 도덕 교과는 지知·정定·행行의 측면을 고루 반영하여 구성되어 있다. 하지만 이러한 교육의 실현은 전적으로 교사에게 달려 있다.

교사가 실천하지 않고 학생들에게 실천하기만을 강요한다면, 선생님의 말은 새의 편한 잠을 방해하는 공허한 소음과도

같다. 교실에 떨어진 쓰레기를 주우라는 말보다 묵묵히 쓰레기를 줍는 모습이 학생들에게 더 강한 울림으로 작용할 수 있다. 그런 의미에서 나는 한 해 동안 제자들에게 도덕적으로 모범을 보였는지 반성해 본다. 일이 많다는 이유로 점심시간에 함께 축구 경기를 하기로 한 약속을 얼마나 많이 그리고 쉽게 깼던가.

'나쁜 교사'는 '고객'이 원하는 방식대로 가르치지 않는다. 정답을 알려 주지 않고, 시험에 직접적으로 도움이 안 되는 질문을 던진다. 아이들이 서로 다른 의견을 내면서 상처받을 수도, 감정적으로 갈등을 유발할 수도 있는 토론을 굳이 시킨다. 토론을 시키지 말거나 무조건 자식의 의견을 옹호해 달라는 요청 전화를 실제로 받은 기억이 난다.

실천적 도덕 교육은 시간이 오래 걸린다. 그러나 아이들이 스스로 생각하고 결정하는 과정을 겪지 못한다면, 세상이 던지는 복잡한 질문 앞에서 무력해진다. '나쁜 교사'는 바로 그 무력함을 방지하기 위해 아이들이 부딪히고 흔들리며 자신만의 윤리를 만들어 가는 시간을 기꺼이 감내한다. 그래서 '나쁜 교사'의 방식은 당장은 불편하게 보일 수 있다. 하지만 결국엔 시간이 걸리더라도 이러한 방식이 아이들을 삶의 주체로 세울 수 있다고 믿는다.

13
세상에 뚱딴지같은 질문은 없다

왜 쓰레기를 버리면 안 되나요?

우리 학교 주변에 과자 봉지가 널브러져 있다는 말이 끝나자 6학년 대호의 당돌한 질문이 쏜살같이 날아왔다. "왜 쓰레기를 버리면 안 되나요?" 순간 입이 굳었다. 대부분의 학생도 마찬가지였다. 너무나 당연한 것을 질문한 탓인지 모두 어리둥절한 표정으로 서로를 바라볼 뿐이었다. 일부 학생은 내 눈치를 살폈다. 대호가 선생님의 말을 거스르는 듯 보여서였을 것이다. 대호는 다소 엉뚱한 구석이 있지만 평소 예의 없이 행동하는 아이가 아니다. 나는 진지한 질문인지 확인하기 위해 말없이 대호의 얼굴을 바라보았다. 학생들은 내가 화났다고 착각한 것일까, 3초 동안 교실의 공기는 얼어붙었다. 질문을 던진 대호도 당황한 기색이었다. 대호의 표정을 통해 그 진심 어린 질문이었다는 걸 알 수 있었다. 나는 웃으며 정적을 깼다.

"우리 대호는 쓰레기를 버려도 된다고 생각하는 거니?"

"아, 꼭 그런 건 아니지만 버릴 수도 있지 않나 해서……."

"대호가 그렇게 생각한 데에는 무슨 이유가 있는 것 같은데, 편히 말해도 괜찮아."

"쓰레기를 버리는 게 일반적으로 나쁜 행동이란 건 알겠는데, 그래도 쓰레기를 버리는 사람이 있어야 환경미화원들도 할 일이 있을 거 같아요. 할 일이 많아지면 그만큼 일자리도 늘어나고, 일하던 사람도 계속 일을 할 수 있으니까 실직자가 될 일도 없고요. 뉴스에서는 요즘 회사에서 잘리는 사람도 많고 취직하기도 어렵다고 하지 않나요?"

꽤 일리 있는 말이었다. 다른 아이들도 전혀 생각지 못한 답이라는 듯 고개를 끄덕였다. 선생님이 화난 게 아니라는 걸 눈치챈 아이들 사이에선 안도의 숨소리도 들렸다. 일자리는 수요에 따라 생겨난다. 이를 설명하기 위해 나는 요식업을 예시로 들었다. 누군가 음식점을 열었다고 가정해 보자. 처음엔 홍보가 부족해 손님이 뜸했지만, 몇몇 사람의 입소문을 타고 점점 이름을 알리게 된다. 식당이 유명해지면 당연히 사장은 사업을 확장하려 할 것이다. 전국 각지에서 손님이 몰려들고, 그에 따라 일할 사람이 더욱 많이 필요해진다.

처음엔 종업원 두 명으로 시작했지만 시간이 지나면서 주방, 서빙, 계산, 청소, 음식 개발, 포장 및 배송까지 다양한 업무를 맡은 사람들이 생긴다. 대호는 바로 이 원리를 떠올린 것이다. '수요가 늘어나면 일자리도 늘어난다'는 경제학의 기본 개념을 초등학생이 스스로 생각해 냈다는 사실이 대견했다. 나는 그 생각을 진심으로 칭찬했다. "우리 대호의 생각이 굉장히 일리 있어. 대호가 경제학의 가장 기본이 되는 원리를 아주 쉽게 설명했어. 무슨 뜻인지 모르겠지? 쉽게 설명해 줄게."

하브루타 수업 디자인

그때부터였다. 모두가 엉뚱하다고 느꼈던 주장을 경제학 원리를 들어 칭찬하자 교실 곳곳에서 웅성임이 봇물 터지듯 쏟아졌다. 아이들에게 쓰레기를 버려도 되는지를 두고 짝끼리 이야기를 나누도록 시간을 주었다. 다소 열띤 논쟁으로 교실이 시끄러워지는 건 괜찮지만, 장난을 치거나 수업과 무관한 이야기를 하는 건 다른 문제라며 주의를 주었다.

사실 한때 우리 반의 수업 분위기는 소극적이었다. 쉬는 시간에는 연예인 이야기, 축구, 웹툰 등 다양한 흥밋거리로 활기가 넘쳤지만, 수업이 시작되면 마치 침묵 게임을 하듯 조용해졌다. 이 상황을 바꾸고 싶어 고민하던 끝에 나는 뉴욕에 있는 예시바대학교 도서관의 모습을 담은 유튜브 영상을 보여 주었다.

영상 속 도서관의 모습은 우리나라와 달랐다. 여기저기서 시끄럽게 떠드는 목소리가 흘러나왔고, 그 소란스러움 속에서도 학생들의 표정은 진지했다. 바로 '하브루타'였다.

하브루타는 상대방과 논쟁하는 과정을 통해 자기 생각을 더욱 분명히 하고, 중요한 내용을 오래 기억하는 효과적인 공부법이다. 하브루타 공부법을 알고 나서 옳거니 하며 수업에 적용하려 애썼지만, 단기간에 정착되지 않았다. 정착을 방해하는 일부 요인이 있었다.

첫째, 하브루타를 하기 위해서는 상대방과의 상호작용 이전에 텍스트에 대한 철저한 탐구가 선행되어야 하며, 대화 중에도 끊임없이 텍스트를 재해석하는 과정이 이루어져야 한다.[1] 우리 반 학생들은 하루를 빡빡하게 보내고 있었다. 학교 수업을 마치면 곧장 학원으로 향했고, 학원 수업이 끝나면 저녁을 먹고, 씻고, 잠시 숨 돌리면 어느새 잘 시간이 되었다. 그러니 무언가를 알아 오는 숙제를 내면 제때 해 오지 못하는 경우가 빈번했다.

둘째, 하브루타에는 기본적으로 '경청하는 태도'가 필요하다. 논쟁 상황에서는 어른조차도 타인의 말을 끊고 자기 주장만 펼치는 경우가 흔하다. 하물며 어린 학생들에게 경청은 얼마나 더 어려운 일일까. 상대방의 주장에 반문하거나 이의를 제기하려면, 무엇보다 먼저 상대의 말을 끝까지 듣고 존중하는 태도를 갖춰야 한다. 토론 시간에 교실을 돌아다니며 지켜보면, 흥분한 나머지 중간에 상대방의 말을 끊는 학생들을 자주 본다. 이런 모습은 자연스러운 현상이지만, 그 행동을 변화시키는 데는 예상보다 많은 시간이 필요했다.

예루살렘의 아이히만

교육학자 정범모 선생님1925~2022은 《교육과 교육학》이라는 책에서 교육을 "인간 행동의 계획적 변화"라고 정의하였다. 그런 관점에서 하브루타 수업 분위기를 형성하여 교육 활동이 원활히 이루어지도록 도와 준 아이들이 고마웠다. 짝과 함께 토론하고, 상대를 바꿔 토론하고, 전체 의견을 종합하는 가운데 쓰레기를 버리면 안 된다는 의견이 압도적이란 걸 확인할 수 있었다.

당연하다고 여겨지는 이야기를 한 차시 40분 동안 꽉꽉 채워서 논의했다. 교육과 무관한 일을 하는 사람들에게는 시간 낭비처럼 보일 수 있다. 하지만 이와 같은 수업 문화는 아이들의 성장을 위해서 중요하다. 장난이 섞이지 않았다면, 뚱딴지같은 질문도 주눅 들지 않고 얼마든지 할 수 있도록 허용했다. 나는 아이들에게 '사유하는 역량'을 길러 주고 싶었다.

독일 태생의 유대인 철학자 한나 아렌트Hannah Arendt, 1906~1975는 1933년 히틀러가 정권을 장악하자 나치의 비밀경찰 게슈타포에 의해 체포되었다. 다행히도 일주일 만에 풀려난 그는 프랑스로 망명하게 된다. 그러나 제2차세계대전 중 독일이 프랑스

파리를 점령하자, 반反나치 운동에 참여했던 아렌트는 다시 그곳을 떠나야 했다.

1941년 아렌트는 미국으로 망명하여 전체주의를 강도 높게 비판하는 글을 쓰기 시작했다. 그 사상이 집약된 대표 저작이 바로 《전체주의의 기원》이다. 그는 나치즘, 파시즘과 스탈린식 사회주의를 모두 묶어 개인의 자유를 말살하는 전체주의로 규정했다. 1961년 아렌트는 《뉴요커》지 특파원의 자격으로 예루살렘에 갔다. 제2차세계대전 중 벌어진 유대인 학살의 핵심 책임자였던 아돌프 아이히만의 전범 재판을 취재하기 위해서다. 아이히만은 유럽 전역의 유대인을 강제로 이주시키는 데 일조한 핵심 인물이며, 가스실이 설치된 열차를 고안한 인물이다. 그 열차 안에서 수많은 유대인이 죽음을 맞았다.

그러나 아이히만은 재판에서 잘못을 결코 인정하지 않았다. 그는 국가의 명령을 충실히 따랐을 뿐이며, 대량 학살 등은 자신의 의지와 무관하다고 항변했다. 재판을 지켜본 여섯 명의 정신과 의사들은 아이히만을 '정상인'으로 판단했다. 그는 인간성이 파괴된 잔혹한 악마가 아니라 오히려 법을 잘 따르는 근면한 시민이자 가정에서는 자상한 남편이자 책임감 있는 아버지였다.

아렌트는 이 8개월간의 지루한 재판을 끝까지 지켜보았다. 그는 아이히만의 죄를 '사유의 불능성', 그중에서도 '타인의 입장에서 생각하기의 무능성'으로 규정했다. 인간적인 공감 없이 명령만 따르는 무사유의 복종이야말로 악의 뿌리라는 통찰이다.[2]

사소한 문제의식으로 성장하는 아이들

사유의 불능성은 우리가 상식이라고 여기는 것을 아무런 의문 없이 받아들이는 태도에서 출발한다. 아이히만은 '법을 지켜야 한다', '군인은 국가의 명령에 복종해야 한다'는 상식을 충실히 따랐다. 그는 그 상식 바깥의 세계를 단 한 번도 성찰하지 않았고, 자신이 저지른 일이 무엇인지조차 인식하지 못했다. 이처럼 사유하지 않는 상태, 즉 생각의 부재가 사유의 불능성이다. 악은 사유의 불능에서 빚어질 수 있다. 투철한 준법정신으로 국가의 명령을 따르는 평범한 행위가 사유 능력이 마비된 순간 악행으로 돌변할 수 있다. 그러고도 양심의 가책조차 느끼지 못한다면, 그것은 단순한 복종이 아니라 무서운 무지가 된다.

나는 교사로서 제자들이 자신이 하는 일을 곰곰이 돌아보고 성찰할 수 있는 이성을 갖추길 바란다. 더 나아가 봉건적인 군주제가 철벽처럼 버티던 시대에 정치·종교적 거짓과 타락, 독단에 맞서 싸운 프랑스 계몽주의 사상가 볼테르처럼 용기 있게 생각하고 행동하는 사람이 되기를 바란다.[3] 이를 위해선 아무리 사소하고 당연해 보이는 것일지라도, 한 번쯤 시선을 비틀어 보는 습관이 필요하다. 예컨대 '쓰레기는 버리면 안 된다'는 명제도 마찬가지다. 이를 아무런 의심 없이 받아들이는 것과, '왜 버리면 안 되는가'를 자문한 뒤 스스로 판단해 받아들이는 것 사이에는 분명한 차이가 있다.

르네 데카르트는 아무도 부정할 수 없는 자명한 진리에 이르기 위해 모든 것을 철저히 의심했다. 그 과감한 회의는 서양 근대 철학의 출발점이 되었다. 지금도 서양 철학의 많은 분야에서 데카르트 사상에서 비롯된 논점이 인용되고 있다. 데카르트의 철학을 평가하는 걸 떠나, 자명하게 여겨지는 것조차 의심하려는 태도는 분명 본받아야 할 지적 자세다.

학생이 미래의 아이히만이 되지 않도록 하기 위해 교사는 어떻게 가르쳐야 할까. 첫째, 학생이 다양한 책을 접할 수 있는 토양을 마련해 주는 것이 중요하다. 근거를 일일이 들지 않더라도 미국의 정치가 벤저민 프랭클린의 말을 인용하면 충분할 듯하다. "독서는 정신적으로 충실한 사람을 만든다. 사색은 사려 깊은 사람을 만든다. 그리고 논술은 확실한 사람을 만든다." 둘째, 학생의 자유로운 발언이 다소 엉뚱하게 느껴지더라도 진지하게 말한 것이라면 존중하고 허용해 주어야 한다. 셋째, 생각을 명료하게 정리할 수 있도록 건전한 토론 문화와 글쓰기 환경을 조성하려는 노력이 필요하다.

그해는 교사로서 참으로 난감한 해였다. '쓰레기는 왜 버리면 안 돼요?'라는 질문을 시작으로 2탄, 3탄, 4탄에 이르기까지 비슷한 질문들이 꼬리를 물고 이어졌다. 지금도 다음과 같은 질문이 떠오른다.

'화장은 왜 하면 안 돼요?'

'왜 짧은 치마를 입고 다니면 안 되죠?'

'왜 선생님들만 급식실에서 국그릇을 따로 받아요?'
'왜 단정한 머리 모양을 강요하나요?'
'체육복은 왜 꼭 입어야 하죠? 개인이 좋아하는 운동복을 입고 오면 안 되나요?'
'전쟁 나면 도망가는 게 왜 나쁜 건가요?'

하나같이 만만치 않은 질문들이었다. 스승의 말문을 막아 버리는 제자들의 당돌한 질문 속에서 문득 오성과 한음이 떠올랐다. 아직도 질문을 던지던 제자들의 다부진 얼굴이 생생하다. 마음 한편이 뿌듯하다. 그 질문만 엮어도 책 한 권은 너끈히 나올 듯하다. 당연한 질문을 소재로 열띤 토론이 벌어졌던 일을 한 학생이 부모님에게 말했는지 다음 날 학부모의 전화를 받았다.

"선생님, 지수가 토론 시간에 선생님한테 들었던 이야기를 하면서 제 의견을 자꾸만 반박해요. 어쩌면 좋나요?"

"구체적으로 지수랑 무슨 대화가 오갔나요?"

"자꾸 왜 지각하면 안 되냐고 하면서 좀 더 쉬다가 학교에 가겠다고 하네요. 선생님이 수업 시간에 당연한 것도 의심하고 질문해야 한다고 하셨다면서요? 아이가 어느 순간부터 따지기 시작해요. 지각은 당연히 하면 안 되는 거잖아요. 선생님도 지각하지 말라고 당부해 주셔야 하는 것 아닌가요?"

"하하하, 어머니, 지수가 수업을 열심히 들은 것 같아 기쁘네요. 이런 이야기를 들으니 저로서는 참 뿌듯합니다."

지수 어머니와는 화기애애한 분위기 속에서 대화를 잘 마무리 지었다. 내가 수업 중 했던 말의 취지를 어머니께 말씀드렸고, 어머니는 웃으면서 이해해 주었다. 그리고 앞으로도 그런 교육이 지속되면 좋겠다는 지지의 말도 해 주었다. 때론 불필요하고 엉뚱해 보이는 물음에도 귀를 기울이고, 그 물음이 품은 사유의 씨앗을 키우기 위해 기꺼이 시간을 들이는 태도는 '나쁜 교사'의 태도라고 생각한다. 말 잘 듣는 '아이히만'을 양산하기보다, 스스로 사고하고 질문할 줄 아는 시민을 기르는 것이 중요하다.

토론 중에 일부러 논리를 극단으로 전개하여 말하거나, 엉뚱한 방향으로 논쟁을 이끌어 나아갈 때면 아이들이 충격을 받기도 한다. 그래서 가끔은 학부모의 전화를 받게 될 때도 있지만, 그때마다 나의 발언과 취지를 명확히 설명하고 오해를 풀었다. '나쁜 교사'의 수업은 이처럼 시끄럽고 느리며 예측할 수 없지만, 그 속에서 자라는 아이들은 의심하고, 말하며, 다시 질문할 줄 아는 존재로 성장한다.

14

즐거우면 몰입한다[1,2]

플로우와 교육

처음으로 체육 전담을 맡은 해였다. 5~6학년 체육을 가르치던 중 교감선생님이 축구부 지도를 제안했다. 군 복무 시절부터 축구를 좋아했던 터라 기쁜 마음으로 수락했다. 그러나 한편으로는 부담도 있었다. 신나게 뛴 적은 있어도 가르쳐 본 적은 없었기 때문이다. 게다가 축구부에 지원한 아이들은 수업에 집중하지 못하거나 장난이 심해 늘 지적을 받던 학생들이 모여있었다. 무엇보다 큰 압박은 나 이전에 이 일을 맡았던 선생님이 아이들과 친밀히 소통하며 훌륭하게 축구부를 운영해 왔다는 사실이었다.

축구부 운영의 취지는 분명했다. 운동을 통해 예절과 협동심을 기르고, 학생들의 넘치는 에너지를 긍정적으로 발산할 통로를 마련해 학교폭력을 줄이려는 목적이었다. 단순한 스포츠 지도가 아닌 교육의 확장이었다. 또한 축구부는 전문 선수를 키우는 모임이 아닌 동아리 형태의 모임이었다. 주사위는 던져졌고, 나는 부랴부랴 교육과정부터 짰다.

아기가 '엄마'란 말을 가장 먼저 내뱉듯 축구에서 가장 먼저 익혀야 할 것은 달리기라고 판단했다. 단거리 훈련으로 속도를, 장거리달리기로 체력을 길러 주기로 했다. 1학기엔 드리블과 패스를 중심으로 감각을 익히는 교육과정을 마련했고, 2학기엔 대회를 대비한 전술 훈련에 집중하도록 계획을 세웠다.

사마천의 《사기》에 등장하는 일화가 떠올랐다. 초한 전쟁 후 공신들이 술에 취해 무질서를 일삼자 유방은 숙손통에게 예법 정비를 맡겼고, 숙손통은 학자들과 함께 의식을 마련해 궁중의 질서를 바로잡았다.³ 규칙은 공동체를 바로 세우는 기초다. 아직 전두엽이 미성숙한 5~6학년 학생들이 감정을 조절하고 서로 예의를 지키며 즐겁게 활동하려면 반드시 질서가 필요하다. 나는 예절, 훈련 방식, 역할 분담까지 명확히 규정하고, 규칙을 어기면 불이익이 따른다고 서약서로 확인받았다. 축구는 단순한 놀이가 아니었다. 함께 성장해 가는 과정이었다.

평소에 짓궂게 떠들던 아이들도 훈련에 진지하게 몰입하며, 규칙을 따르는 태도를 길러 나갔다. 체육 수업 때보다 더 열심히 그리고 진지하게 참여하는 모습에 보답하기 위해 나 역시 축구 지도에 열을 올렸다. 아이들이 무언가를 익히려고 땀 흘리는 모습이야말로 석양에 타는 저녁놀만큼 아름다운 장면이었다. 여간해서 보기 어려운 학생들의 행복한 미소는 어디서 비롯되는 걸까? 이에 대한 실마리를 긍정심리학의 창시자 미하이 칙센트미하이Mihaly Csikszentmihalyi, 1934~2021의 《몰입》에서 찾아볼 수 있다. 그의 몰입 이론은 학교 현장과 밀접하게 닿아 있으며 교육적으로도 중요한 시사점을 준다.

칙센트미하이는 인간이 가장 행복한 순간은 '최적 경험'을 할 때라고 말한다. 이는 외부 조건에 휘둘리지 않고 자기 행동을 스스로 조절할 수 있는 상태이며, '플로우flow'라는 개념에 바탕을 둔다. 어떤 일에 푹 빠진 몰입된 상태를 일컫는 말이다. 이 순간에는 심장이 터질 듯 공을 몰며 뛰는 고통조차 기꺼이 감내할 수 있다. 하지만 플로우에 도달하지 못하게 방해하는 요인들도 있다. 고통, 불안, 분노, 질투 같은 심리적 엔트로피, 즉 내적 무질서다. 심리적 엔트로피가 높아지면 집중하여 이루고자 하는 목표를 수행할 능력을 잃게 된다.

반면 플로우를 경험하면 분화[4]와 통합[5]의 과정을 거치게 되는데, 이 두 과정을 성공적으로 결합하면 자아가 복합적으로 발전한다. 즉, 에너지 넘치는 복합적 자아가 형성된다. 중요한 건 플로우가 단순히 목표를 달성하기 위한 수단이 아니라, 행위 자체에서 즐거움을 찾게 해 준다는 데 있다. 공을 차고, 달리고, 빼앗기고, 다시 뛰어가는 아이들의 반복된 움직임은 누군가에겐 의미 없어 보일지 몰라도 삶의 질을 높이는 순수한 몰입의 순간이자 건강한 자아가 형성되는 과정이다. 따라서 교사는 학생이 플로우를 경험할 수 있도록 심리적 엔트로피를 낮추고, 수업은 물론 교과 외 활동도 몰입의 장으로 설계하려는 노력을 기울여야 한다.

공정과 실리

축구부 활동은 2학기에 있을 의정부시 축구 대회를 향한 열망으로 시작됐다. 작년 결승에서 모 초등학교에 석패한 기억은 아이들의 투지를 불태웠고, "올해는 이기자!"는 말로 훈련 첫날부터 에너지가 넘쳤다. 하지만 자율 훈련은 점차 느슨해졌다. 반복되는 루틴에 아이들은 흥미를 잃고 공을 아무렇게나 차며 놀기 시작했다.

그 마음은 이해되었지만 허용할 수는 없었다. 경기를 통해 실력을 키우는 것도 중요하지만, 기초 체력과 기술은 훈련에서 다져진다는 걸 알았기 때문이다. 아이들의 불만 섞인 표정 앞에서 나는 배우는 자세와 훈련의 당위성을 설명하며 설득했다. 논리에 감성을 더한 말이 아이들을 움직이게 한다는 걸 시행착오 끝에 배웠다. 중요한 건 기술이 아니라 진심이었다.

드디어 대회가 코앞으로 다가왔다. 원칙상 축구부원만 출전할 수 있지만, 공을 잘 차는 다른 아이를 데려가고 싶은 유혹이 생겼다. 아이들도 그 친구를 꼭 데려가자고 졸랐다. 그러나 교감선생님은 원칙을 지키라고 조언하여, 결과보다 과정이 중요하다는 가르침을 주었다. 공정하지 않은 절차는 좋은 결과를 보장하지 못하며, 교육자로서 남길 가장 나쁜 선례일 수 있다는 말이었다.

공정함을 지키는 일이 실리를 놓치는 일처럼 느껴질 때가 있다. 하지만 결국 원칙을 지켜야 아이들과 나 모두 부끄럽지 않은 결과를 마주할 수 있다는 걸 그날 깨달았다. 대회 당일은 시<u>작부터 피곤할 수밖에 없었다.</u> 전날 밤 나는 <u>컵스카우트</u> 대장으로서 1박 2일 야영 행사를 이끌어야 했다. 야영 전문 업체의 도움 없이 계획부터 진행까지 모든 과정을 직접 챙기고, 아이들의 안전을 위해 불침번까지 서야 했다.

텐트 속 아이들의 상태를 수시로 확인하고, 새벽 공기에 추워 떨거나 장난치는 아이들은 없는지 꼼꼼히 살폈다. 구령대 옆 관중석에서 동료 선생님과 이야기를 나누며 잠을 이겨 냈다. 머릿속으론 다음 날 펼쳐질 경기를 수없이 그려 보았다. 새벽에 총총히 떠 있는 별이 선수들로 보였다. 멋진 전술 형태를 그리며 각자의 위치에서 반짝이고 있었다. 비록 한숨도 자지 못했지만, 마음은 이미 경기장에 가 있어 행복했다.

대회 날 아침, 축구부는 운동장 정문에 모였다. 나는 비몽사몽이었지만, 아이들의 눈빛은 결연했다. 노란 유니폼을 입은 아이들은 마치 브라질이나 콜롬비아 대표팀 같았다. 그 기운이 전

염됐을까, 나도 어느새 정신이 번쩍 들었다. "자, 가자!" 내 한마디에 아이들은 말없이 버스로 향했다. 마치 만화 《슬램덩크》의 한 장면 같았다. 경기장에 일찍 도착해 짐을 정리하고 몸을 푼 뒤, 아이들이 쉴 때 마실 이온 음료와 간식도 준비했다. 모든 준비는 완벽했다. 하지만 첫 경기를 앞두고 상대 팀의 조직적인 훈련 장면을 본 순간, 우리 아이들의 얼굴에는 긴장감이 드리웠다.

"어쭈? 너희들 평소에 그렇게 떠들썩하게 까불더니, 경기 시작도 안 했는데 벌써 쫄았어?" 아이들을 일부러 자극하려고 던진 말이었다. 예상대로 석훈이가 바로 발끈했다. 석훈이는 스포츠계의 악동 선수처럼 어떤 상황에서도 주눅들지 않는 기질의 사나이다. 그 모습은 딱 《슬램덩크》의 강백호와 닮아 있다. 참고로 강백호는 NBA의 전설적인 악동, 데니스 로드먼을 모델로 한 캐릭터다.

"아니거든요? 아직 아침이라 정신 차리는 중이라고요!"

"그래? 좋아, 다들 석훈이 말 잘 들었지? 두려운 마음을 다시 붙잡으면 충분히 이길 수 있어. 우리나라가 2002년 월드컵 때 4강까지 간 거 알지? 이탈리아, 스페인 같은 우승 후보들을 우리가 이겼다고. 어떻게? 바로 정신력 덕분이야."

나는 아이들을 바라보며 말을 이었다. "박지성, 이천수, 김남일 같은 어린 선수들이 전 세계가 지켜보는 무대에서 어떻게 뛰었는지 알아? 세계적인 선수들 앞에서도 절대 주눅 들지 않고, 악을 쓰며 뛰었단 말이지. 이게 바로 핵심이야. 겁먹지 마. 이기는 팀은 실력뿐 아니라 정신도 앞서 있다고." 물을 한 모금 마신 뒤, 마지막으로 한마디를 더했다. "큰 경기 전 공포심은 누구에게나 있다. 그 자체를 받아들여 뛰어넘어야 한다. 두려움 따위는 씹어 삼켜라." 《슬램덩크》에 등장하는 북산고등학교 감독, 안 선생님의 명언이다. 마지막 문장은 내가 살짝 보탰다.

경기가 10분쯤 지났을 무렵 우리 팀에서 첫 골을 터뜨렸다. 발이 빠른 성호가 대각선에서 찬 슛이 깔끔하게 골로 이어졌다. 첫 골 이후 분위기는 완전히 우리 쪽으로 넘어왔고, 아이들은 파죽지세로 상대의 조직력과 정신력을 무너뜨렸다. 강해 보였던 팀이 순식간에 무너지는 모습을 보며 아이들은 점점 더 자신감을 얻었다.

하프타임을 알리는 호각 소리가 들렸다. 나는 이기고 있다고 해서 상대를 무시하거나 약 올리는 행동은 절대 해서는 안 된다고 당부했다. 시간을 질질 끈다거나 이상한 기술로 조롱하지 말라고 자세히 알려 주었고, 끝까지 상대를 존중하며 경기에 임하라고 반복했다. 첫 경기를 기분 좋게 이긴 뒤, 아이들 한 명 한 명과 손바닥을 마주치며 하이파이브를 했다. 그동안의 땀이 결과로 보상받는 것 같아 절로 미소가 지어졌다.

집단 지성적 집중력

　　　　　　　　　　두 번째 경기를 앞두고 우리는 쉬는 시간을 가졌다. 첫 승에 들뜬 축구부원들은 평소처럼 시끌벅적하게 간식을 먹고 있었다. 나는 아이들을 불러 다음 상대의 경기를 지켜보게 했다. "얘들아, 방심하지 마. 다음 팀을 이기면 4강이다. 상대 선수들의 특징을 파악하고, 각자 포지션에서 맞붙게 될 선수가 누군지도 살펴봐. 그리고 어떻게 플레이할지 머릿속으로 그려 둬. 경기 종료 5분 전에 작전 회의할 거니까 그때 너희가 해결책을 제시해 봐."

　'집단 지성'이라는 말이 있다. 이는 다수가 협력하거나 경쟁하면서 발휘하는 집단적 지적 능력을 뜻한다. 미국의 한 곤충학자가 개미 군집의 협업에서 착안한 개념이다. 저널리스트 제임스 서로위키는 "특정 조건에서 집단은 내부의 가장 우수한 개체보다 지능적"이라 주장했다.[6]

　나는 2학기 동안 포지션과 전술에 대한 기본기를 꾸준히 가르쳐 왔다. 아이들이 전술을 전혀 모르는 백지 상태였다면 이런 훈련 방식은 무의미했을 것이다. 하지만 축적된 학습 덕분에 내가 미처 보지 못한 부분을 아이들이 짚어 낼 수 있을 것이라 판단했다.

　내 판단은 옳았다. 작전 회의에서 아이들은 상대 팀 선수들의 특성과 약점을 놀랄 만큼 정확하게 분석해 냈고, 그 정보는 작전 수립에 큰 도움이 됐다. 전술적 구조를 짜는 능력은 내가 우위에 있었지만, 구체적인 데이터는 아이들이 훨씬 더 잘 파악하고 있었다. '지피지기 백전불태知彼知己 百戰不殆'라는 손무의 말처럼 우리는 상대를 알고 준비한 덕에 2차전에서 가볍게 승리할 수 있었다.

즐거움과 쾌락의 차이

드디어 대망의 4강이었다. 점심시간 우리는 가볍게 드리블을 주고받으며 '두 번만 더 이기면 우승'이라는 생각에 들떠 있었다. 하지만 상대는 지난해 우리에게 뼈아픈 패배를 안긴 학교였다. 경기 10분 전, 그들은 둥글게 서서 질서 정연하게 몸을 풀고 있었다. 동작 하나하나에서 훈련된 팀워크와 절도가 느껴졌다. 진홍색 유니폼은 그 위압감을 더했다. 우리 아이들 얼굴엔 긴장과 불안이 어렸다. 누군가 "쟤네 잘할 것 같다……"라고 중얼거렸다.

나는 또다시 웃으며 《슬램덩크》의 명대사에 내 메시지를 덧붙여 아이들에게 건넸다. "단념하는 바로 그때 시합은 끝나는 거다. 너희들이 지금 질 거라 단념했다면, 경기는 지금 끝난 거다. 뛰어 볼 필요도 없어. 집에 가자. 우리가 얼마나 열심히 연습했는지 기억나지? 아침마다 나와서 1분이라도 더 뛰려다 수업에 지각했던 날들 말이야. 이렇게 해 보지도 않고 지러 온 거냐? 너희가 져도 괜찮아. 경기는 이길 수도 질 수도 있는 거니까.

단, 조건이 있다. 끝까지 투지를 보이고, 후회 없이 너희의 모든 걸 쏟아부어야 해. 그걸 해낸다면 10대 0으로 져도 나는 너희에게 박수를 보낼 거다. 아마 모든 관중도 기립박수를 치지 않을까? 포기할 거야 아니면 악으로, 깡으로 끝까지 뛰어 볼 거야?"

시무룩하게 기죽어 있던 아이들의 주먹이 다시금 투지로 가득 찼다.

"뛸게요, 선생님."

"좋아. 모두 둥글게 모여서 어깨 걸어! 우린 할 수 있다!"

아이들은 어깨동무하고, 자신들이 만든 구호를 운동장이 떠나가라 외쳤다. 상대 팀도 놀란 듯 우리를 바라보았다. 곧 경기가 시작됐다. 상대는 강력한 우승 후보였다. 발 빠르고 기술 좋은 선수들이 전방에서 거칠게 압박해 왔다. 하지만 우리도 쉽게 무너지지 않았다. 위기 순간마다 수비수들은 침착하게 막아 냈고, 패스가 어려울 땐 공을 과감히 걷어 내며 실점을 피했다.

측면 공격 시에는 월 패스를 활용해 압박했고, 상대에게 공을 준 뒤엔 멈추지 않고 다시 뛰어드는 훈련된 움직임을 보여 주었다. 훈련 때마다 내가 외쳤던 "줬으면 뛰어!"가 몸에 배어 있었다. 결국 성호가 선제골을 넣었고, 상대는 당황한 듯 서로를 바라보았다. 우리는 분위기를 탔고, 나는 마음속으로 이미 결승을 그리고 있었다.

그러나 상대도 만만치 않았다. 공격수들이 프로 선수처럼 거세게 움직이며 몰아쳤다. 수비의 핵심이던 지훈이가 지나치게 집중해 다리에 쥐가 나 교체되었고, 그의 공백은 곧바로 실점으로 이어졌다. 전술을 수정해 미드필더와 공격수들이 수비에 가담하도록 했지만, 시간이 지날수록 체력은 바닥나고 집중력도 흐트러졌다. 결국 골을 더 내 주며 4대 1로 패했다. 경기 종료 휘슬이 울리자 아이들은 그 자리에 맥없이 누워 하늘을 바라보았고 몇몇은 눈물을 흘렸다. 나는 아이들을 한 명씩 일으켜 세우고 상대 팀과 악수하게 했다. 그리고 모두를 불러 모았다.

"너희 모두 정말 자랑스럽다. 선생님으로서도 감독으로서도. 끝까지 주눅 들지 않고 뛰는 모습이 인상 깊었다. 오늘 경기는 실력 차였다. 깔끔하게 인정하자. 하지만 패기만큼은 우리도 뒤지지 않았다고 믿는다. 무엇보다 하나의 목표를 위해 몰입하고 함께 땀 흘린 이 경험은 분명 앞으로 큰 밑거름이 될 거다. 열심히 해 본 것 자체가 값진 재산이니 너무 실망하지 마. 아픈 사람 없지? 집에 가서 푹 쉬고, 오늘은 여기까지 하자."

인사가 끝나고 계속하여 우는 동운이의 어깨를 토닥여 주었다. 그리고 나는 집으로 가서 씻자마자 쓰러졌다. 다음 날 오전 9시까지 총 17시간을 곤히 잤다. 잠에서 깨어나 시계를 확인하고선 '이게 가능한 일이구나'란 생각에 놀랐다. 늘 떠들고 장난치던 아이들과 이렇게 긴 여정을 함께한 건 처음이었다. 돌이켜 보면 우리는 단지 축구만 한 것이 아니었다. 아이들은 민주적 절차에 따라 의사 결정을 내리고, 규칙을 지키며 민주 시민으로 성장해 갔다. 하나의 목표를 향해 마음을 모으며 이 모든 과정에서 우리는 힘겨웠던 훈련조차 '즐거운' 추억으로 바꾸었다.

우리는 '즐거움'과 '쾌락'을 혼동할 때가 있다. 얼핏 비슷해 보이는 두 단어는 어떤 점이 다를까? 우리는 돈으로 살 수 있는 모든 안락함과 편리함을 느낄 때 행복하다고 생각한다. 가령 맛있는 음식을 먹을 때를 떠올릴 수 있다. 이는 쾌락에 해당한다. 쾌락은 생물학적 프로그램이나 사회적 환경에 의해 설정된 기대 수준이 충족됐을 때 느끼는 만족감을 뜻한다.

음식을 먹는 것과 즐기는 것은 엄연히 다르다. 단순히 음식을 입에 넣고 느끼는 행복은 주의를 기울이지 않아도 된다. 이는 쾌락의 영역이다. 그러나 음식을 즐긴다는 것은 주의를 기울이는 정신적 노력이 필요하다는 뜻이다. 물론 쾌락만으로도 세상은 견딜 만하지만, 쾌락만 추구하는 인생은 운이나 외부 환경에 의존하기 때문에 위태롭다.

즐거움은 어떤 과제를 내가 완수할 수 있다는 가능성을 느낄 때, 내가 하고 있는 행위에 온전히 집중할 때, 명확한 목표와 즉각적인 피드백이 주어질 때, 일상에 대한 걱정이나 좌절에서 벗어나 스스로를 통제한다고 느낄 때, 자아에 대한 의식이 사라지고 시간의 흐름마저 잊게 될 때 비로소 찾아온다고 한다. 이러한 조건들이 충족되었을 때 우리는 진정한 즐거움을 경험하게 된다.[7]

대회 우승이라는 목표 아래 학생들과 함께 운동장을 누비며 시간 가는 줄 모르고 달렸던 순간들, 문제를 해결하기 위해 매

순간 머리를 맞대고 의논했던 순간들, 마음대로 행동하기보다는 스스로 자신의 감정과 행동을 다스리며 자제했던 이 모든 순간 속에서 우리는 즐거움을 경험했다. 그리고 다음에도 축구부를 맡을 기회가 된다면 기꺼이 에너지를 쏟을 수 있겠다고 느끼게 해 준 아이들이 고맙다.

몰입하는 환경

우리는 심장이 터질 것 같은 힘든 순간도 잘 견디며 하나의 과정을 진정한 행복으로 가꾸었다. 그렇다면 역경을 즐거움으로 바꾸는 데는 어떤 요소들이 갖춰져야 할까. 역경을 즐거움으로 바꾸는 힘은 외부가 아니라 자기 안에 있다. 몰입을 방해하는 외적 요인을 도전으로 전환하려면 '자기 목적적 자아'가 필요하다. 이는 어려운 환경을 정신적으로 이겨 내는 자아를 뜻하며, 이를 키우기 위해서는 목표를 세우고 활동에 몰입하며 주변에 주의를 기울여야 한다. 그리고 현재의 경험을 즐기면 된다. 결국 중요한 건 몰입, 즉 플로우다.

몰입을 위해서는 '최적 경험'이 필요하다. 《몰입》의 저자 칙센트미하이는 이를 가능하게 하는 가정환경의 조건으로 명료성, 중심성, 선택성, 신뢰성, 도전성을 제시한다. 명료성은 부모가 자녀에게 바라는 바를 분명히 전하는 것이다. 중심성은 자녀의 경험과 감정에 관심을 기울이는 것이며, 선택성은 아이에게 선택권을 부여하는 태도를 말한다. 신뢰성은 부모의 신뢰를 느낄 때 아이가 주도적으로 몰입할 수 있다는 의미이고, 도전성은 자녀에게 새로운 기회를 제공하려는 부모의 태도를 뜻한다. 이 다섯 가지를 '자기 목적적 가정환경'이라 부른다.

물론 학교와 가정은 다른 공간이다. 그러나 학교 역시 학생들이 타인과 함께 살아가는 법을 배우며 성장하는 곳이기에, 일정한 규율 속에서도 최적 경험을 제공할 수 있는 환경을 조성할 필요가 있다. 즉, 몰입을 가능하게 하는 가정환경의 다섯 가지 조건을 학교 환경 조성에도 적절하게 반영해야 하는 것이다. 축구부 운영을 맡았을 때만 하더라도 나는 이 책을 알지 못했다. 하지만 돌이켜 보니 운이 좋게도 몰입을 통한 즐거움에 부합하는 요소가 완벽하진 않지만 어느 정도 만들어졌다는 것을 깨달았다.

"축구 실력 향상과 대회 우승만이 아니라, 준비 과정에서 너희들이 지금보다 인격적으로 성장하길 바란다."

"지금 이 포지션을 소화해 내기 많이 힘들지? 좀 쉬었다가 다른 포지션에서 뛰어 볼래?"

"우리는 할 수 있는 만큼 했다. 누군가 열심히 했냐고 물어본다면 전혀 부끄럽지 않게 '예스'라고 대답할 수 있다. 우승을 할 수 있냐는 질문에는 '할 수도 있고 못 할 수도 있다'라고 답하겠지만, 멋진 경기를 만들 수 있냐는 질문에는 '예스'라고 당당히 말할 수 있을 정도로 우리의 노력을 믿는다."

"상대방이 들개처럼 빨리 달려오면 당황스러워서 헛발질하게 되지? 선생님도 어른끼리 축구할 때, 그렇게 달려오는 스타일이 가장 어려워. 그런 경우엔 시야를 확보하면서 인사이드 패스를 정확하게 하거나, 방향을 바꾸는 드리블로 대처할 수 있어. 한번 해 볼래?"

돌이켜 보면 꼭 축구를 지도하는 일이 아니더라도 학교 곳곳에서 즐겁다고 느낀 순간은《몰입》에 정리된 즐거움의 요소에 들어맞을 때가 많다. 교사로서 어떤 분위기 속에서 어떤 방식으로 학생을 대할지를 더 깊이 고민해야 함을 느꼈다. 나는 한 편의 축구 드라마를 학생들과 함께 만들었다. 몰입과 즐거움의 가치를 알게 된 나의 학생들이 이 드라마를 마음속에서 수시로 재생하여 한 발 더 성장하기를 바란다.

15

인공지능으로 인간지능을 키운다

무능이 아니라 무감각의 위험성

겉보기에 '착한 교사'는 안전하다. 그들은 변화를 만들지 않고 누구와도 마찰 없이 하루를 마감한다. 그러나 그 교실 안에서 '교육'은 살아 있는가? 시대는 변하고, 그에 따라 삶도 변한다. 기술은 현실을 바꾸고, 그 현실은 교육계의 문턱을 넘는다. 그런데 교사가 여전히 정해진 절차와 익숙한 방식만 고수한다면 아이들의 눈은 금세 교실 바깥을 향하게 된다.

진짜 위험한 건 무능이 아니라 무감각이다. 시도하지 않는 교사, 실험하지 않는 수업은 '문제 없음'이라는 이름으로 공교육의 신뢰를 조용히 무너뜨릴 수 있다. 나는 디지털 기기를 활용하는 데 익숙하지 않은 교사다. 그렇지만 낯섦과 불편함을 무릅쓰고, 기술과 아이들의 삶을 연결하려는 시도를 감행했다. 그 첫걸음이 바로 창의적체험활동 수업 주제를 인공지능으로 정한 것이었다.

동기 유발을 위해 먼저 학생들에게 알파고와 이세돌의 바둑 대결 이야기를 들려주었다. 알파고는 구글 딥마인드[1]에서 개발한 바둑 인공지능 프로그램이다. 승부와 관련된 이야기라 그런지 제법 긴 설명에도 집중하는 아이들의 눈빛은 너무나도 반짝거렸다. 호기심 가득한 눈을 바라보니 목소리에 절로 힘이 들어갔다.

2016년 전 세계의 이목이 쏠린 가운데 인공지능 알파고와 바둑 천재 이세돌 9단의 대국이 펼쳐졌다. 대국은 알파고가 이세돌을 4대 1로 이기며 끝났다. 당시에는 나한테 그리 대단한 일로 느껴지지 않았다. 기계는 피로를 느끼지 않으니 장시간 집중이 필요한 바둑에서는 인간이 불리할 수밖에 없다는 막연한 생각이 있었다. 나는 단지 체력의 차이일 뿐 실력의 문제는 아니라고 여겼다.

만약 하루에 20수씩 두고, 다음 날 경기를 이어가는 방식이라면 어땠을까? 충분한 휴식을 취하며 진행된다면 이세돌이 승리할 수도 있지 않을까. 기계에 맞선 인간에게도 공정한 조건이 필요하다는 생각이었다. 하지만 대국이 끝난 뒤 쏟아진 수많은 분석과 기사들을 접하면서, 이것이 인간의 지능이라는 자존감에

균열을 낸 하나의 역사적 사건이라는 것을 알게 되었다. 그 의미를 제대로 이해하려면 인공지능의 원리와 알파고의 작동 방식을 들여다볼 필요가 있었다.

인간은 흔히 배움과 수련을 본성으로 삼는 존재인 '호모 쿵푸스homo kungfus'로 불린다. 즉, 자발성과 의지를 바탕으로 배우고 스스로 성장해 나가는 존재다. 반면 기계는 스스로 사고하지 못하고, 사람이 정해 준 알고리즘에 따라 움직이는 존재로 여겨져 왔다. 과거의 로봇은 명령을 수행하는 수동적 도구일 뿐이었다. 나 역시 알파고를 하나의 로봇 정도로 보았다.

인공지능의 원리

알파고는 인공지능이고, 인공지능은 로봇과 질적으로 다르다. 인공지능은 인간의 뇌를 모방한 인공 신경망² 구조를 기반으로 스스로 학습하는 능력을 갖추고 있다. 알파고는 이러한 구조 위에 정책망policy network과 가치망value network을 결합하여 수를 두었다. 16만 건의 바둑 기보를 통해 기본 규칙을 익히고, 3,000만 건의 문제를 풀며 실력을 다졌다. 그리고 자기 자신과 하루 3만 회 이상 대국하며, 수없이 많은 시행착오 속에서 최적의 수를 스스로 찾아 갔다.

이를 인간의 입장에서 환산해 보면 그 양이 더욱 실감난다. 사람이 하루에 여덟 판씩 대국을 한다면, 무려 3,750일, 약 10년 이상의 시간이 걸린다. 인공지능은 그 방대한 시간을 단 며칠 만에 압축해 학습해 낸 것이다.³ 알파고의 승리는 단순히 인공지능이 인간을 이겼다는 사실로 끝나지 않는다. 인공지능이 스스로 학습하여 인간의 직관과 창의성조차 뛰어넘을 수 있다는 가능성을 보여 준 사건이기 때문이다. 동시에 이세돌은 바둑 역사상 지금까지 유일하게 인공지능을 상대로 승리를 거둔 인물로 남게 되었다.

흥미로운 바둑 이야기에 이어서 인공지능의 원리를 탐구하는 본 수업을 진행했다. 인공지능의 대표적인 학습 원리에는 지도 학습supervised learning과 비지도 학습unsupervised learning이 있다. 지도 학습은 인공지능에게 미리 정답을 알려 주며 학습시키는 것을 의미한다.

한 학생이 마음속으로 기준을 정한 뒤 동물 카드 몇 장을 뽑아 그 기준에 따라 분류하면, 상대방은 분류된 카드를 보고 어떤 기준이 사용되었는지 추측하는 활동을 통해 지도 학습의 원리를 익혔다. 기준을 유추하기 어려울 때는 남은 카드 중 일부를 추가로 분류해 힌트를 제공하였다. 이를 통해 아이들이 기준을 더욱 명확하게 파악하도록 했다.

비지도 학습은 컴퓨터가 스스로 아주 많은 데이터를 공부하고 혼자서 답을 찾는 과정을 뜻한다.⁴ 이는 지도 학습과는 약간 다른 방식으로 진행된다. 학생이 카드 전체를 기준에 따라 분류한 다음, 상대방으로 하여금 그 기준이 무엇인지 맞히는 방식이었다. 얼핏 보면 두 활동이 같아 보일 수 있지만 핵심적인 차이가 있다.

지도 학습에서는 일부 카드가 A그룹 또는 B그룹에 속한다는 것을 아는 상태에서, 모를 때 추가로 단서를 받아 기준을 추론하는 반면, 비지도 학습은 모든 카드를 분류한 결과만 보고 기준을 유추해야 한다. 이 활동에서 카드는 데이터를 상징한다.

인공지능은 이처럼 주어진 데이터 속에서 패턴을 찾아내며 학습한다. 분류하고 추론하는 과정은 유사해 보이지만 상대방을 인공지능이라고 생각해 보면, 두 방식 사이에 존재하는 미묘하면서도 중요한 차이를 분명히 느낄 수 있다.[5] 활동을 마친 뒤 수업에 대한 질문과 소감을 나눴다. 인공지능 수업이 꽤 흥미로웠던 모양이다. 생각보다 많은 질문이 쏟아졌다.

"인공지능은 하루에 얼마나 많은 정보를 처리할 수 있나요?"
"인공지능과 관련된 공부를 하려면 어느 대학에 가야 해요? 그 대학을 가려면 얼마나 공부해야 하죠?"
"인공지능이 사람을 절대 따라잡지 못할 분야는 뭐예요?"
"인공지능 로봇이 대체할 수 있는 직업은 어떤 게 있어요?"

하나같이 대답하기 쉽지 않지만 정말 좋은 질문들이었다. 그때 반에서 가장 장난기 많은 개구쟁이 한 명이 손을 번쩍 들고 물었다.

"선생님도 인공지능으로 대체될 수 있어요? 선생님이 학교에서 잘리면 어떡해요?"

"선생님 백수 될까 걱정하는 거야?"

"아뇨, 걱정은 안 돼요. 선생님은 능력자니까 금방 다른 데 취직하실 거 같아요. 인공지능 로봇이 선생님이면 말 안 들어도 되잖아요. 로봇이니까요."

"하하하, 인공지능 로봇에 우리 대호 혼내는 기능부터 탑재해야겠는데?"

우리 모두 껄껄 웃었다. 수업 시간의 가벼운 농담은 청량음료처럼 기분을 상쾌하게 만든다.

도구로서의 인공지능과 융합 교육

나는 교과가 분절적으로 나뉘기만 하는 것이 아니라 서로 융합 가능성이 있음을 아이들이 직접 체험하게 하고 싶었다. 그 시도 중 하나로 구글에서 제공하는 인공지능 기반의 음악 교육 도구 '크롬 뮤직랩'을 수업에 활용했다. 그중에서도 '칸딘스키'라는 서비스를 중심으로 미술과 음악을 넘나드는 융합 예술 활동을 함께해 보았다.

이 서비스를 선택한 이유는 단순했다. 아이들에게 예술에 대한 자신감을 심어 주고, 음악과 미술에 대한 흥미를 동시에 자극하고 싶었기 때문이다. 칸딘스키를 이용하면 그림을 잘 그리느냐 그렇지 않느냐는 중요하지 않다. 자유롭게 그린 선과 면,

점의 형태를 인공지능이 인식해 음악으로 변환해 주기 때문이다. 낮은 곳에 선을 그리면 낮은 음이, 높은 곳에 선을 그리면 높은 음이 나온다. 실수해도 부담 없이 다시 그릴 수 있고, 색깔을 바꾸면 음색도 바뀌기 때문에 창작의 폭도 넓었다. 같은 위치에 같은 선을 그려도 색에 따라 소리의 느낌이 달라지는 것을 경험하며 아이들은 자연스럽게 음색의 개념을 익혔다.

"어떤 색은 무거운 소리 같고, 어떤 색은 가벼운 소리 같아요!"라는 반응이 이어졌다. 그렇게 만든 작품은 통통 튀는 소리로 변환되어 교실 안에 울려 퍼졌다. 그림이 음악이 되는 이 새로운 경험은 아이들에게 큰 신선함을 안겨 주었다.

수업을 마친 뒤 각자의 작품을 감상한 후, 한 단계 더 나아가 간단한 작곡 활동도 했다. 인공지능을 매개로 미술과 음악의 경계를 허문 이번 수업은 내가 처음 기대했던 수업 목표를 충분히 달성한 사례였다.

칸딘스키Wassily Kandinsky, 1866~1944는 제정러시아 출신의 화가로, 몬드리안과 함께 추상회화의 선구자로 꼽히는 인물이다. 흥미로운 점은 그가 처음부터 예술가의 길을 걷지는 않았다는 것이다. 그는 모스크바대학교에서 법학과 경제학을 공부했고, 졸업 후 교수로도 활동했다. 어느 날 칸딘스키는 볼쇼이극장에서 바그너의 오페라 〈로엔그린〉을 보고 깊은 감명을 받았다.

그는 벅차오르는 감정을 다음과 같이 표현했다. "나는 내 영혼에서 갖가지 색을 보았다. 내 눈앞에 색이 있었다. 그리고 거친 선들이, 거의 미친 듯한 선들이 내 앞에 펼쳐졌다."6 음악이 시각적 감흥을 불러일으키는 체험은 그를 추상회화의 길로 이끌었다. 아마 크롬 뮤직랩에 칸딘스키의 이름이 붙은 것도 그가 음악과 미술의 경계를 넘나드는 삶을 살았기 때문일 것이다.

수업에서 활동의 전개만큼 중요한 것은 정리 단계다. 아무리 흥미로운 활동을 해도 본질을 정리하지 못하면 수업은 마치 헤어드라이어를 사러 백화점에 갔다가 옷과 신발만 사고 돌아온 상황처럼 될 수 있다. 가령 물 로켓을 쏜 수업이라면 단순히 "오늘은 물 로켓을 쐈어요"에서 그치는 것이 아니라 그 활동을 통해 배운 물리 원리, 협동, 감정의 공유 같은 교육적 의미까지 되짚어야 한다.

이 수업 역시 마찬가지다. 그래서 마지막 10분 동안 아이들과 소감을 나누며 정리했다. 그 과정에서 한 학생이 이렇게 물었다. "선생님, 그런데 지금이 미술 시간이에요, 음악 시간이에요?" 이 질문은 단순한 호기심을 넘어 우리 교육의 구조적 고민을 건드리는 것이었다.

우리는 일상 속에서 '시간표'에 따라 움직이고, 아이들 역시 미술 시간, 음악 시간처럼 특정 교과의 틀에 익숙해져 있다. 나는 아이의 질문을 이어받아 또 다른 질문을 던졌다. "오늘처럼 미술이 아닌 다른 영역을 미술로 표현하거나, 음악이 아닌 것을 음악으로 표현하는 일에 대해 어떻게 생각해?"

교실은 잠시 조용해졌다가 다시 뜨거워졌다. 어떤 아이는 교과가 구분되어야 혼란스럽지 않다고 했고, 다른 아이는 "꼭 구분해야 할 필요가 있어?"라며 반박했다. 아이들 사이에서 작지만 중요한 논쟁이 시작된 것이다. 나는 이 논쟁을 19세기 음악가들 사이에서 벌어진 '절대음악'과 '표제음악'의 논쟁으로 연결해 설명했다. 바그너는 이야기와 음악을 결합한 오페라로 대표되는 표제음악을 지지했고, 절대음악을 지지한 브람스는 음악은 음악 그 자체로 순수하게 존재해야 한다고 믿었다.

"오늘 이 교실에서도 그 논쟁이 다시 벌어진 거야. 21세기의 초등학생들이 19세기의 고민을 이어받다니!" 어려운 주제 앞에서 아이들은 '선생님 이제 그만!'이라고 외치는 듯 지루한 기색을 드러냈다. 수업을 통해 교과의 구분에 따라 배움이 제한되는 것이 아님을 말해 주고 싶었다. 바로 이것이 교과 융합 교육이 지향하는 바이며, 그 속에는 인공지능이 모방하기 어려운 인간의 깊이 있는 사고가 자리하고 있다.

인공지능이 주는 생활 속 변화

아이들에게 파파고라는 인공지능 번역기를 소개하며 현실 상황에 맞는 영어 대본을 직접 만들어 보라고 했다. 수업 시간에 휴대전화나 태블릿을 사용할 수 있다는 말에 아이들은 환호했고, 곧바로 대본 작성에 열중했다. 한글로 먼저 대본을 작성한 뒤 나에게 검사를 받고, 꼭 말하고 싶은 표현을 파파고를 활용해 번역했다. 그렇게 완성한 대본으로 아이들은 능동적으로 역할극을 수행해 냈다. 모든 활동을 마친 뒤 비로소 하고 싶었던 이야기를 꺼냈다.

"이번 수업을 하면서 혹시 '영어를 꼭 배워야 할까?'라는 생각이 든 친구 있어?"

"저요! 파파고가 다 번역해 주는데 굳이 영어를 배울 필요가 있을까요? 차라리 그 시간에 놀면 안 되나요? 우리는 놀 시간이 더 필요해요."

평소 영어에 관심 없던 대호의 말에 웃고 공감했다. 엉뚱한 듯 보이지만 대호의 말은 일리 있다. 번역기만 있으면 널리 쓰이지 않는 언어의 사용자끼리도 소통할 수 있다. 세계 공용어로 여겨지는 영어를 학습 대상으로 굳이 고집할 필요도 없으며, 언어 학습에 시간을 들이는 대신 더 유익한 활동에 집중하는 것이 자연스럽게 느껴진다.

기독교 경전인 《구약성서》 창세기는 세계 각지 사람들이 다른 언어를 쓰게 된 기원을 '바벨탑 사건'으로 설명한다. 처음에 세상 사람들의 언어는 하나였고, 그들은 서로 소통하며 하늘에 닿는 탑을 쌓아 자신의 이름을 드높이려 했다. 창조주는 이를 보고 인간의 교만함에 대한 경고로 언어를 뒤섞었다. 바벨은 '뒤섞다', '혼란스럽게 하다'라는 뜻이다.

인류는 언어 장벽을 극복하기 위해 두 가지 길을 모색했다. 하나는 모두가 공통으로 사용하는 언어를 만드는 것이었고, 다른 하나는 번역기를 개발하는 것이었다. 알렉산드로스대왕은 광대한 헬레니즘 제국을 통치하기 위해 코이네7라는 세계 공용어를 도입했다. 하지만 그가 이룬 제국은 오래가지 못했고, 그와 동시에 세계 공용어를 뿌리내리려는 시도 역시 무너졌다.

1887년 폴란드 안과 의사 라자루스 자멘호프는 에스페란토라는 세계 공용어를 창안했다. 에스페란토는 불규칙과 예외가 없는 단순한 문법으로 만들어졌고, 접두어와 접미어로 어휘를 확장하는 방식이라 배우기 쉽다. 파파고라는 이름도 에스페란토어로 앵무새를 뜻한다. 그러나 에스페란토는 국제연맹에 의해 배척당했고, 나치 독일과 소련 등에서는 탄압의 대상이 되기도 했다.8

그렇다면 또 하나의 시도, 번역기의 발전은 성공할 수 있을까? 그렇지 않을 것 같다. 왜냐하면 기계는 대화의 맥락이나 화자 간의 관계를 충분히 파악하지 못하고 표면적인 의미만 번역하기 때문이다. 그렇게 되면 화자의 의도는 왜곡되거나 무시된 채 정보만 전달될 수 있다. 나는 그런 생각을 담아 웃으며 아이들에게 말했다.

"오늘 우리 반 사진 찍는 댔지? 이제 그만하고 나가자."

"선생님, 비오는데 어떻게 찍어요?"

"아이고, 날씨 참 좋다. 자, 질문 하나. '날씨 참 좋다'를 파파고로 번역하면 뭐라고 나올까? 'The weather is nice'로 나와. 그런데 이걸 그대로 외국 친구에게 보낸다면 정말 날씨가 좋다고 오해하겠지? 이런 뉘앙스를 번역기가 잘 잡아낼 수 있을까?"

"못할 것 같아요."

"옛날엔 너무 예쁜 아기한테 '밉상'이라 했어. 귀신이 데려갈까 봐 그랬대. 그런데 밉상을 번역하면 'ugly face'로 나와. 실제로는 '귀엽다'라는 의미겠지? 번역기를 돌리면 전혀 다르게 받아들여질 수 있는 거야. 아직 이런 맥락까지 번역기가 이해할 수 없거든. 대호야, 그래서 아직은 영어 수업을 없애면 안 되겠지? 하지만 시간이 지나면 인공지능도 문화와 맥락을 배울 수 있을까? 그건 잘 모르겠네."

창의적체험활동의 인공지능 수업은 일회성으로 끝나지 않았다. 실제 수업은 매끄럽지 않았고, 나는 기기를 익숙히 다루지 못해서 많이 버벅거렸다. 하지만 안 되는 부분, 익숙하지 않은 부분은 그런대로 아이들과 함께 해결하며 밝고 역동적인 수업을 만들어 갔다. 그동안 나는 수업을 '문제 없이' 마치는 것에 안주하고 있었던 것은 아닐까.

내 주변에는 다행스럽게도 '나쁜 교사'가 많다. 그들은 틀에 도전하고, 실패할지도 모른다는 두려움이 있더라도 실험을 강행하는 기운이 넘치는 교사들이다. 그들을 귀감으로 삼아 많은 자극을 받아서였을까. 'OO 시간'이라는 교과의 경계를 넘어 그 속에서 아이들과 여러 가지 사고의 확장을 경험했다.

'착한 교사'는 문제를 만들지 않는 교사다. 새로운 시도를 하면 누군가의 마음에 불편함을 유발할 수도 있다. '불편함'이라는 불이익을 주는 교사는 누군가에겐 '나쁜 교사'다. 그 대상이 학생이나 학부모일 수도, 관리자나 동료 교사일 수도 있다. 하지만 그런 걸 두려워해서 지금 당장 익숙하고 안정적인 것만 추구한다면 큰 발전이 없다고 본다. 나는 아이들처럼 여전히 실수하고 배우는 중이다. 능력도 많이 떨어진다. 그래서 조금은 불편하더라도 교육자로서 '나쁜 교사'의 길을 걷고 싶다.

16. 가능성을 확장하는 교육자의 심안
17. 가장 약한 이를 품은 사랑의 전인교육
18. 사회를 스스로 바라보도록 하는 교육
19. 장애인과 세상을 이어 준 교육자
20. 나쁜 교사가 공교육을 지킨다

IV 나쁜 교사의 스승

16
가능성을 확장하는 교육자의 심안: 홀름보에와 나의 수학 선생님

빛나는 이름 뒤에 선 스승, 홀름보에

"여기 있는 이 빈칸은 굉장히 중요해. 모르는 수를 미리 상정하고 푼다는 건 답이 있다고 믿는 위대한 발상이야. 풀이는 답에 대한 믿음에서 시작하는 거야."

수업 시간 아이들의 눈꺼풀은 무거웠고, 나는 빈칸 하나에 담긴 수학의 사유를 이야기하고 있었다. 훗날 이 빈칸은 '근' 혹은 '해'라는 이름으로 다시 아이들 앞에 모습을 드러낼 것이다. 정규 교육과정을 충실히 밟은 이라면 누구나 한 번쯤은 이차방정식의 근의 공식을 외워 문제를 풀어 본 기억이 있을 것이다. 근의 공식이라 하면 내 마음속에는 늘 수학자 아벨Niels Abel,

1802~1829이 가장 먼저 떠오른다.

닐스 아벨은 1802년 노르웨이의 네드스트란드에서 태어났다. 아버지는 작은 마을의 목사였고 어머니는 사교적이나 자식 교육에는 무관심한 사람이었다. 당시 노르웨이는 영국 그리고 스웨덴과의 전쟁을 치른 여파로 극심한 빈곤과 기아에 시달리고 있었다. 아벨 역시 일곱 형제와 함께 가난 속에서 유년기를 보냈다.

1815년 그는 크리스티아니아 성당학교에 진학했다. 지금이야 체벌이 금지되었지만, 200여 년 전에는 북유럽에도 체벌이 존재했다. 수학교사가 폭력 사건을 일으켜 해임되었고, 그 빈자리에 새로운 선생님이 부임했다. 그가 바로 베른트 홀름보에 Bernt Holmboë, 1795~1850다. 훗날 이 만남은 아벨의 인생을 바꾸는 전환점이 된다. 아벨이 위대한 수학자로 기억될 수 있었던 것은 그 곁에 홀름보에 선생님이 있었기 때문이다. 홀름보에는 크리스티아니아대학교(현 오슬로대학교)에서 수학을 전공한 인물로, 당대에도 그 실력을 인정받던 학자였다.

당시 아벨은 또래 중에서 결코 두각을 드러내는 학생은 아니었

출처: 위키피디아
베른트 홀름보에

다. 그러나 홀름보에는 아벨 안에 숨은 수학적 재능을 일찍이 알아보고 열정적으로 지도하기 시작했다. 당시 학교 교육의 중심은 고전 교육과 라틴어였기 때문에, 홀름보에는 아벨에게 개인적으로 수학을 가르쳤다. 이러한 개인 지도는 홀름보에가 수학의 발전에 기여한 가장 중요한 업적으로 평가되기도 한다.

그의 가르침을 받은 이후 아벨은 놀라운 기세로 수학적 역량을 펼쳐 나갔다. 선생님의 권유로 뉴턴, 라그랑주, 오일러, 가우스 등 위대한 수학자들의 원전을 탐독 하기도 했다. 이를 통해 그는 기존의 방법으로 해결되지 못한 수학 난제들을 직접 풀고자 하는 학문적 의욕도 품게 되었다. 홀름보에와 아벨은 친밀한 친구 사이가 되었고, 홀름보에는 여러 차례 아벨을 자신의 집에 초대했다.

아벨이 18세가 되던 해 아버지가 세상을 떠나며 집안이 경제적으로 어려워져 학업을 중단해야 했다. 그때도 홀름보에는 아벨을 포기하지 않았다. 그는 정부에서 보조금을 얻어 아벨이 크리스티아니아대학교에 진학할 수 있도록 도왔다. 대학에 진학한 이후에도 두 사람의 인연은 끈끈하게 유지되었다. 홀름보에는 아벨이 끝까지 공부를 놓지 않도록 계속해서 조력했다.

아벨은 5차 이상의 고차방정식에서 근을 구하는 공식에 대한 자신의 해결책을 스승 홀름보에에게 알렸다. 홀름보에는 자신이 아는 최고의 교수들에게 의견을 구하고 그 가능성을 함께 검토하며, 아벨을 응원했다. 그 결과 아벨은 1824년에 마침내 250년

동안 라그랑주를 비롯한 수많은 수학자가 매달렸던 난제인 '5차 방정식의 근을 구하는 일반적인 해법(근을 구하는 공식)은 존재하지 않는다'는 명제를 명쾌하게 증명해 냈다. 그의 나이는 고작 스물한 살이었다.

신도 그의 재능을 아낀 것일까? 아벨은 1829년 26세의 젊은 나이에 결핵으로 사망했다. 수학사에 있어서 굉장히 안타까운 죽음이었다. 그로부터 10년 후 홀름보에는 《닐스 헨리크 아벨 전집》을 두 권으로 출간했다.[1]

아벨이 지닌 불세출의 천재성이야말로 정말 경이롭다. 그렇지만 그보다 더 마음에 남는 건 언제나 곁에서 그를 믿고 이끌어 준 홀름보에 선생님의 존재다. 훌륭한 스승의 지원과 응원, 격려와 신뢰가 있었기에 젊은 수학자 아벨은 세기를 꿰뚫는 해답에 도달할 수 있었다.

홀름보에는 단지 뛰어난 학생을 알아본 교사만은 아니었다. 그는 《수학 교과서 제1권》과 《수학 교과서 제2권》을 집필해 노르웨이 중등수학 교과의 체계적 기틀을 마련했다. 자신의 수업 경험을 바탕으로 집필한 이 교과서는 각각 4판, 5판 씩 재출간될 정도로 인기를 끌었다. 이에 힘입어 홀름보에는 《입체기하학》, 《평면 및 구면 삼각법》, 《고등수학 교과서》 등 다수의 고등수학 교재를 집필했다. 이 책들은 대학 및 군사학교 수학 교육의 기반이 되었고, 후학에게 큰 영향을 끼쳤다.

자신이 직접 가르쳤던 제자의 죽음 이후 전집까지 출간한 스승은 들어 본 적이 없다. 제자의 삶과 관련된 자료를 모아 글을 쓰고 책을 만드는 노력은 어디에서 기인한 것일까? 스승으로서의 따뜻한 마음과 교육자로서의 소명 의식이 없다면, 상상할 수 없는 일이다.

가능성을 이끄는 교육자의 심안

1. 교사는 전공 영역에 대한 전문가적 지식과 기술이 있어야 함
2. 교과 내용을 쉽게 예를 들어서 전달해야 함
3. 소명 의식
4. 학생에 대한 사랑과 봉사 정신
5. 교사는 자신이 가르친 것들을 실천해야 함

교육학 서적에는 교사의 자질을 이렇게 제시하고 있다.[2] 교사가 전공 분야에 대한 전문적인 지식과 기술을 갖추지 못한다면 핵심과 주변 내용을 명확히 구분하지 못할 뿐 아니라, 수업을 유연하고 효과적으로 디자인하는 것도 불가능하다. 이는 곧 교사에 대한 불신으로 이어진다. 만일 홀름보에가 전공 분야에 대한 깊은 이해가 없었다면, 뉴턴이나 오일러 같은 위대한 수학자의 원전을 학생에게 권할 수 없었을 것이다. 하지만 깊이 있는 전공 지식이 있다고 해도, 그것을 학생의 눈높이에 맞춰 풀

어내는 능력은 엄연히 다른 영역이다. 내용에 대한 탄탄한 이해를 바탕으로 '어떻게 가르칠 것인가'를 함께 고민하지 않는다면 수업은 방향을 잃는다. 학생은 흥미를 잃고 교사와의 소통이 단절되어, 비판적 사고력이나 창의성을 꽃피우지 못하게 된다.

소명 의식이란 자신이 하는 일을 단순한 생계 수단이 아닌 사회적으로 의미 있고 가치 있는 일이라 믿고 헌신하는 마음이다. 사랑과 봉사 정신도 소명 의식에서 출발한다. 학생을 향한 진정성과 소명 의식이 결여된 교육 현장의 교사는 악보는 들고 있으나 음을 모르는 지휘자와 같다. 그럴 경우 수업은 시간 가는 대로 흘러만 갈 뿐 영혼은 따라오지 않는다.

이처럼 교사의 자질은 학생 개개인의 가능성을 현실로 이끌어 내는 결정적인 힘이다. 나처럼 평범한 학생이든, 아벨처럼 타고난 재능을 가진 학생이든 모두 잠재력을 지니고 있다. 그 잠재력을 꽃피우는 것은 교사의 안목과 헌신에 달려 있다. 홀름보에와 아벨이 함께 수놓은 미담은 교사가 존경받지 못하고 학생이 존중받지 못하는 시대에선 단지 전설처럼 들릴 뿐이다. 지금은 어떤가. 학생은 스승을 존경하는가. 스승은 학생을 존중하는가. 내가 맡은 반의 학생들은 나를 존경하고 있는가. 나는 그들을 존중하고 있는가. 서로를 존중하는 교육 분위기를 만들기 위해 현재의 교육 제도는 교사의 정당한 교육 활동을 충분히 보장하고 있는가.

홀름보에의 이야기가 미담으로만 남지 않기 위해서는 사회

구성원이 서로를 존경하고 존중하는 문화를 만들어야 한다. 이를 위해서는 개인의 노력뿐 아니라 제도적 뒷받침도 절실하다. 세상을 바꾸는 가장 확실하면서도 단순한 방법은 무엇일까. 바로 내가 먼저 바뀌는 것이다. 어떻게 바뀌어야 할까. 그 또한 명료하다. 교사의 자질을 갖추고, 사제동행師弟同行의 길을 걸어야 한다. 사제동행은 청출어람靑出於藍과 함께 내가 가장 사랑하는 교육 관련 한자어다. 그러나 답이 간단할수록 실천하여 이루기 어려운 일들이 세상에 많다. 교육도 그중 하나가 아닐까 생각한다.

내가 경험한 평범한 홀름보에

우리 주변을 돌아보면 홀름보에 같은 선생님들을 종종 만날 수 있다. 내가 만난 선생님 중 한 분을 소개하려 한다. 고등학교 1학년 때 나의 담임선생님이었고, 수학을 가르쳤다. 홀름보에처럼 학생의 재능을 알아보는 심안을 가져 학생의 발전을 돕는 분이었다. 고등학교에 들어가면서부터 수학을 포기하는 학생이 급격히 늘어난다는 건 누구나 공감하는 현실이다. 나 역시 중학교 때와는 차원이 다른 고등학교 수학의 벽 앞에서 몇 번이나 혀를 내두르며 포기하고 싶은 순간이 있었다.

1학년 1학기 수학은 대수학 중심으로 구성되어 있었다. 다행히 나는 기하학보다는 논리에 기반한 대수학 문제 풀이에 더 익숙한 스타일이었다. 그래서 1학기엔 교과서와 《수학의 정석》, 그 외 여러 문제집을 풀며 막힘없이 개념을 쌓아 갈 수 있었다. 그러나 2학기에 접어들며 상황은 달라졌다. 그래프를 그리고 해석해야 하는 난원이 본격적으로 등장하면서 수학은 이전보다 훨씬 복잡하게 다가왔다. 내게 찾아온 첫 번째 난관은 함수였다. 특히 합성함수, 역함수 그리고 다항 함수가 벽처럼 느껴졌다. 문제를 조금만 비틀어도 도무지 손을 대기 어려웠다.

그럴 때마다 담임선생님은 이해하지 못하는 부분을 몇 번이고 차근히 설명하고, 내게 맞는 방식으로 다시 풀어 보도록 격려해 주었다. 선생님은 다정하게 말하는 분은 아니었지만, 뛰어난 능력을 갖춘 매력적인 교사였다. 헌칠한 키에 멋진 얼굴, 무심한 말투와 카리스마, 어려운 문제를 아무렇지 않게 풀어내는 천재적인 두뇌까지. 그럼에도 나는 왠지 선생님에게 쉽게 다가설 수 없었다.

언제부터 수학 문제를 놓고 함께 고민을 나누었는지 기억이 정확하지 않다. 점점 함께하는 시간이 많아지자 나는 선생님이 정이 많은 분이라는 걸 알게 되었다. 문제의 해법을 설명해 줄 때마다 진심으로 내가 잘 되길 바라는 마음이 고스란히 느껴졌다.

어느 날 선생님은 《특작》이라는 고난도 문제집을 내 손에 쥐여 주며 무심히 말했다. "이 정도는 풀 수 있어야 수학 실력이 한 단계 올라갈 거야." 비록 내가 천재는 아니지만, 홀름보에가 아벨에게 위대한 수학자들의 원전을 권유했던 것처럼 선생님은 내 가능성을 믿고 더 높은 곳으로 이끌어 주려 했다.

2학기 후반에는 두 번째 난관인 삼각함수가 기다리고 있었고, 2학년 때는 점화식이라는 세 번째 벽에 부딪혔다. 하지만 그때마다 선생님의 팁과 격려 덕분에 조금씩 그 벽을 넘을 수 있었다. 어느새 나는 교무실 문을 주저 없이 열 수 있었고, 막히는 문제가 있을 때마다 자연스레 선생님을 찾았다. 물론 가끔은 끝끝내 이해하지 못하고 돌아간 날도 있었다. 그럼에도 불구하고 내가 가장 감사했던 건 수학을 매개로 한 마음의 교감이었다. 선생님의 까칠한 말투와 툭툭 던지는 농담은 어느새 멋과 위트로 다가왔다. 교사와 학생 사이의 거리감 대신 인간적인 유대감이 생겼다.

군 제대 후 교육대학에 재학 중이던 어느 날 고등학교 친구 두 명과 만나 이야기를 나누다가 선생님이 떠올랐다. 우리는 모두 같은 마음이었는지 즉흥적으로 선생님에게 연락을 하고 찾아갔다. 선생님은 교재 연구로 바쁠 텐데도 공강 시간을 내어 우리를 반갑게 맞아 주었다. 그날은 수학이나 진로 이야기가 아니라 대학 생활, 연애, 게임 같은 소소한 이야기들을 나누었다. 졸업하고도 스승과 제자로 함께 대화할 수 있었던 순간. 선생님을 찾아뵙길 참 잘했다는 생각이 들었다.

좋은 교사는 학생에게 늘 친절하고, 학생과 부모의 기대에 부응하며, 갈등 없이 관계를 유지하는 사람이 아니다. 때로는 '착한 교사'의 이미지를 포기하면서까지 교육적 신념을 지켜 내는 사람이다. 《특작》에 나오는 어려운 문제를 접하며 '내가 돌머리가 아닐까'란 생각을 수없이 한 적이 있다. 저절로 쉬운 문제로 손이 갔지만, 선생님은 내 손을 잡고 다시 바른 방향으로 가게끔 해 주었다.

학생의 잠재력을 끝까지 믿고, 민원이나 불편한 시선에도 흔들리지 않으며, '이 정도는 풀 수 있어야 한다'는 기준을 굽히지 않는 교사. '지금은 힘들어도 반드시 넘을 수 있다'는 믿음으로 기다려 주는 교사. 진짜 좋은 교사는 한순간 '나쁜 교사'처럼 보일지 몰라도 결국 학생의 삶을 바꾸는 힘을 지닌 사람이다. 우리 곁에도 여전히 그런 선생님들이 있다. 나는 그분들에게 마음 깊이 감사드리고 싶다. 그리고 이제는 나 자신에게 스스로 되뇐다. '착한 교사는 그만두고, 진짜 교사로 살아가자.'

17

가장 약한 이를 품은 사랑의 전인교육: 이태석과 페스탈로치

신부와 교육의 성인[1, 2]

6학년 도덕 수업에서 봉사의 의미와 가치를 다루던 어느 날, 나는 교과서 속에서 한 편의 영화를 만났다. 바로 〈울지마 톤즈〉였다. 이태석 신부의 삶을 담은 이 작품은 '봉사'라는 주제를 넘어 사랑과 믿음 그리고 교육의 본질에 대해 생각해 보도록 이끌었다.

1962년 부산에서 10남매 중 아홉째로 태어난 이태석 신부는 초등학교 2학년 때 아버지를 여의고 어머니의 손에서 자랐다. 그는 어린 시절 나병 환자를 돌보다 생을 마감한 다미앵 신부의 삶을 그린 영화를 보고 깊은 감명을 받아 훗날 그와 같은 길을 걷기로 마음먹었다. 1987년 인제대학교 의과대학을 졸업한 그는 군의관 복무 중 가톨릭 사제가 되기로 결심했다. 이후 1992년 광주가톨릭대학교에 입학해 신학을 공부했고, 1997년에는 이탈리아 로마의 살레시오대학교에서 유학하던 중 선교사의 길을 권유받았다. 1999년 그는 처음으로 남수단 톤즈 땅을 밟았다. 아프리카 곳곳과 마찬가지로 오랜 내전으로 황폐해진 그곳에서 그는 지천으로 깔린 환자들을 마주했고, 의료봉사의 사명을 발견했다.

신부님이 처음 진료소로 사용한 곳은 마른풀과 대나무로 엮은 작은 움막이었다. 허리를 숙여야 겨우 들어갈 수 있는 낮은 문, 햇빛조차 잘 들지 않는 어두운 실내, 치료 중에도 거미나 지푸라기가 떨어지는 열악한 환경. 이후 세운 병원은 방 열두 칸 남짓한 작은 보건소 수준이었지만, 그마저도 인근 케냐에서 자재를 조달해 지어야 했다. 섭씨 45도를 넘나드는 기후, 기본 식량조차 부족한 생활, 문화와 사고방식의 차이까지 그의 사역은 늘 물리적·정신적 어려움 속에 놓여 있었다.

그러나 그는 의사로만 머물지 않았다. 뼈만 앙상히 남은 사람들, 손가락과 발가락이 없는 나환자들, 말라 버린 젖을 빨다 지쳐 우는 아기들 속에서 그는 한때 가난에 허덕이던 대한민국을 떠올렸다. 이태석 신부가 느끼기에 가난했던 대한민국보다 톤즈의 상황이 훨씬 더 절망적이었다. 학교가 없는 톤즈에서 젊은이들의 눈빛을 바라보면 희망을 전혀 읽을 수 없었기 때문이다. 그는 교육을 통해서 희망을 만드는 일이 시급하다는 걸 깨달았다.

처음에는 나무 그늘 아래서 70명의 학생을 데리고 초등학교 3학년 과정까지의 수업을 시작했다. 이듬해 대나무와 흙으로 작은 움막을 지어 교실로 삼았다. 교육을 받는 아이들의 눈빛은 동화 장면처럼 반짝였다. 전기가 없어 수업을 멈추면 아이들은 달빛 아래로 나가 책을 읽었고, 성당을 밤 9시까지 자습실로 개방하면 30분만 더 열어 달라고 애원하기까지 했다. 신부님은 밤에 직접 전동기를 돌려 전기를 생산하며 그들의 학구열을 지켜주었다. 교사를 구할 수 없어 직접 고등학교 수학을 가르쳤고, 전쟁으로 무너진 교실을 하나씩 보수하며 아이들에게 배움의 문을 활짝 열어 주었다. 그의 교육은 단순한 지식 전달이 아니라, 절망 속에서도 사람을 일으키는 '희망'이었다.

귀국 후 건강검진에서 대장암 4기라는 판정을 받은 그는 투병 중 끝내 세상을 떠났다. 이태석 신부의 삶은 나 자신을 돌아보게 만든다. '나는 참된 교육을 위해 얼마나 노력하고 있는가?'라는 질문 앞에서 고개를 숙이게 된다. 그가 남긴 삶의 궤적을 생각하면 단순한 감동을 넘어 교육의 장에서 우리가 함께 되새겨야 할 여운이 남는다. 이태석 신부의 생애를 따라가다 보면 또 한 명의 교육자가 떠오른다. 바로 교성敎聖이라 일컬어지는 인류의 스승, 페스탈로치Johann Pestalozzi, 1746~1827다.

1746년 스위스 취리히에서 태어난 그는 다섯 살 때 존경받던 의사인 아버지를 잃게 된다. 아버지는 마지막으로 "나는 몸의 병을 고치는 사람이었지만, 너는 마음의 병을 고치는 사람이 되어라"고 당부했다. 이 말은 그의 마음속에서 평생 떠나지 않았다. 그는 가난한 어린 시절 속에서도 할아버지와 어머니의 가르침 덕분에 약자를 향한 연민과 책임감을 품었다.

출처: 위키피디아

요한 페스탈로치

당시 스위스는 산업혁명의 물결 속에서 불평등이 심화됐다. 공장 고용주들에게 부당한 대우를 받는 시골 출신 노동자들, 교육을 받지 못하고 공장에서 온종일 일하는 아이들이 거리에 넘쳐 났다. 페스탈로치는 이들을 위해서 무언가를 해야겠다고 결심했다. 취리히대학교에서 공부하던 그는 진보적인 대학생들의 모임 '애국단'에 가입해 정부의 잘못된 정책과 사회 부조리를 비판하다가, 루소의 명저《에밀》을 읽고 교육이 가야 할 바람직한 방향을 깨달았다. 이 책은 인간성을 잃은 당시 교육을 날카롭게 지적하고 자유로운 새 교육법을 제시한 책으로, 지금까지도 교육 전공자들에게 널리 읽히고 있다.

이후 그는 결혼하여 작은 마을에 '새로운 희망의 마을'을 뜻하는 노이호프라는 농장을 짓고 살았다. 마을 사람들의 오해와 방해, 지배인의 횡령 등으로 농장 일은 실패했다. 하지만 그는 이상을 품고 노이호프를 가난한 아이들을 위한 학교로 만들었다. 그곳에서 빈민 아동에게 옷감 짜기와 읽기·쓰기·셈하기를 가르쳤으나, 일과 공부보다 구걸에 익숙한 아이들의 저항, 밭농사 실패, 늘어나는 학생, 아내의 건강 악화로 결국 1780년 학교 문을 닫고 빚더미에 올랐다.

이 시기 친구이자 바젤시 의원인 아이작의 권유로 그는 자신의 경험과 교육 철학을 담은 소설 《린하르트와 게르트루트》를 집필했다. 당시 페스탈로치는 종이 살 돈이 없어 회계장부의 빈 곳에 원고를 작성했다고 한다. 이 집필 작업은 페스탈로치의 인생에서 큰 전환점이었다. 원고를 읽은 아이작은 감동을 받았고, 틀린 글씨로 얼룩진 친구의 원고를 주말마다 직접 수정하며 출간을 도왔다. 책은 큰 반향을 불러일으켰다. 책 한 권으로 그는 어느 순간 유럽에서 이름난 교육자가 되어 있었다. 독일 황후는 그에게 편지를 보내 교육에 대해 자문을 했고, 프랑스 의회에서는 명예 시민권까지 주었다.

1789년 프랑스혁명이라는 또 다른 역사적 물결이 스위스를 덮쳤다. 혁명의 지도자 나폴레옹은 새로운 질서를 세우기 위해 스위스로 군대를 끌고 왔다. 나라에 불만이 가득했던 스위스인들은 프랑스군에 대항하지 않고 새 정부를 세웠다. 하지만 프랑스는 자유를 준 대가로 스위스에서 많은 것을 약탈했고, 새 정부는 이를 묵인했다. 이에 불만을 가진 슈탄스 지방 사람들이 들고 일어났으나, 새 정부는 프랑스군을 동원하여 진압했다. 이

과정에서 400명이 넘는 아이들이 부모 잃은 고아가 되었고 소식을 들은 페스탈로치는 슈탄스로 떠났다.

1798년 그는 슈탄스의 보육원에서 고아들을 친자식처럼 돌보며 사랑 속에서 밝아지는 밀썽생이들의 모습을 보았다. 그는 꿈꾸던 일이 현실로 이루어졌다며 기뻐했지만, 얼마 후 보육원은 프랑스군의 야전병원으로 사용되며 폐쇄되었다.

페스탈로치는 1799년에는 베른 근교의 부르크도르프로 자리를 옮겨 초등학교 교사로 일했고, 이듬해에는 직접 초등학교를 세워 4년간 운영하였다. 그 뒤로도 그는 교육의 꿈을 이어 갔다. 뮌헨부흐제, 이페르텐으로 거처를 옮기며 교육기관을 설립했다. 특히 1805년 설립한 이페르텐의 학교는 큰 성공을 거두었다. 이 학교는 무려 10여 년간 유럽 교육의 중심지로 번창하였으며, 독일의 교육학자 프뢰벨도 이곳에서 2년간 머물며 교육 방법을 배워 갈 정도였다.

그러나 학교의 성공 속에서 예기치 않게 교사들의 갈등이 발생했다. 교사가 된 페스탈로치의 제자들 사이에서 주도권을 둘러싼 다툼이 일어난 것이다. 믿었던 제자들을 향해 그가 느낀 심정은 어땠을까. 그럼에도 그는 교육 활동을 멈추지 않았다. 결국 그는 이페르텐을 떠나 1818년 클란디 빈민노동학교를 세웠다. 사회에서 소외된 계층을 위한 교육적 이상을 다시 한번 실현하고자 했지만, 이곳에서도 분규는 끊이지 않았다. 마침내 1825년 그는 학교를 해산하고 노이호프로 돌아갔다. 그곳에서 그는 《백조의 노래》를 집필했고, 2년 뒤인 1827년 81세의 나이로 생을 마감하였다.

인간성을 회복하는 공교육의 이상

이태석 신부와 페스탈로치의 삶을 함께 살펴보면 놀라운 공통점이 발견된다. 먼저 이태석 신부의 애칭 '존John'과 페스탈로치의 이름 '요한Johann'은 언뜻 닮이 보인다. 사전을 찾아보니 'Johann'은 'John'의 게르만 어형이라 한다. 단순한 우연일까? 두 사람 모두 그리스도교의 색채가 깃든 이름 '요한'으로서 공교육의 이상적 모델을 구현했다는 점에서 더욱 의미심장하다.

공교육의 이상은 한마디로 평등한 교육 기회를 제공하고 학생의 전인적 성장을 실현하는 것이다. 출신, 재산, 사회적 지위와 상관없이 누구에게나 공평한 교육이 주어져야 한다. 그러나 현실은 다르다. 경제적 격차, 지역 간 격차, 불평등한 사회적 배경이 교육 접근성을 왜곡하여 진정한 평등의 실현을 가로막는다.

이태석 신부님이 활동하던 수단은 내전과 분열로 고통받던 땅이었다. 북부와 남부는 문화, 언어, 종교에서 큰 차이를 보였고, 북부 아랍인이 중심이 된 정치 권력은 남부 발전을 억압했다. 이곳은 한때 영국의 식민지였으며, 강대국들이 편의상 아프리카 대륙을 자로 잰 듯이 반듯하게 분할 지배하면서 한 나라 안에서 서로 이질적인 문화를 가지게 되었다. 각 집단 사이에 내부적 갈등의 씨앗이 심어졌고 그 속에서 절대적 빈곤과 사회적 소외로 고통받는 사람들이 발생했다.

페스탈로치는 산업혁명과 프랑스혁명, 나폴레옹전쟁의 혼란 속에서 수많은 고아와 빈자의 아버지 같은 존재가 되었다. 이태석 신부와 페스탈로치는 소외된 이들을 포기하지 않고 사랑의 전인교육을 펼쳤다. 페스탈로치가 활동하던 시기의 학교는 딱딱한 의자에 앉아 책과 칠판만 바라보는 지식 전달 위주의 교육이 전부였다. 아이들이 마음껏 뛰놀거나 노래하고 그림 그리는 시간은 없었으며, 수학, 라틴어, 그리스어, 물리, 종교 등 어려운 과목만이 강조되었다. 이태석 신부가 활동한 톤즈에는 한때 고등학교가 없어 아이들이 제대로 된 고등교육을 받지 못했다.

신부님은 내전으로 상처받은 아이들의 마음을 읽고 음악 교육을 시작했다. 음악을 통해 아이들의 마음을 어루만지고, 그 안에 기쁨과 희망의 씨앗을 심고자 한 것이다. 처음에는 피리, 기타, 오르간을 가르쳤고, 시간이 흐르며 은인의 도움으로 악기 수를 늘렸다. 그는 악기에 첨부된 설명서를 읽어 가며 연주법을 익히는 열정을 보였고, 결국 트럼펫, 트롬본, 클라리넷 등으로 구성된 대규모 브라스밴드를 탄생시켰다. 밴드는 이탈리아 정부에서 시공한 철제 다리 축성식과 대통령 지방 방문 때 초청받아 공연하는 기적을 이루었다.

더욱이 이태석 신부는 악기 교육을 하며 됨됨이, 즉 인간의 도덕성과 인성을 교육의 핵심으로 삼았다. 영화 〈울지마 톤즈〉 속에서 악기를 빨리 배우고 싶어 하는 소년에게 "먼저 착한 마음을 가져야 한다"고 말한 것은 지식과 기술 교육이 도덕적 완성을 전제로 해야 한다는 깊은 통찰이었다. 페스탈로치 역시 부르크도르프에 교사로 부임하며 아이들의 전인적 성장을 위한 교육을 펼쳤다. 그는 자신의 학급을 따로 맡지 않고 디즐리라는 선생님의 반 한쪽 구석에서 학습이 부진한 학생들을 가르쳤다.

페스탈로치가 맡은 아이들은 수업 중 언제든 질문할 수 있었으며, 질문을 통해 사물을 관찰하는 법을 배웠다. 아이들은 관찰 내용을 쓰고 그린 다음 돌아가며 발표하는 생소한 수업을 경험했다. 아이들에게는 이런 식의 교육이 처음이었고, 수업에는 활기가 넘쳐흘렀다. 또한 당시 학교에는 제대로 훈련받은 교사조차 없었고, 심지어는 퇴역 군인이나 기술자가 임시로 아이들을 가르치기까지 했다. 디즐리도 구두장이란 별도의 직업을 가진 교사였다. 또한 엄격한 체벌도 일상이었다. 이런 시대적 배경을 생각하면 그의 교육은 굉장히 혁신적이었다.

이런 모습을 본 디즐리는 시샘과 질투를 하며 학부모들에게 페스탈로치를 헐뜯는 말을 했다. 결국 페스탈로치는 학교를 나와야 했다. 하지만 그는 포기하지 않고 다른 곳에서 일자리를 얻어 자신의 교육적 실험을 이어 갔다. 가령 석판에 색을 달리하여 알파벳을 쓰고, 그 알파벳을 모아서 새로운 단어를 만드는 학습은 당시 사람들에게는 아주 낯선 방식의 교육이었다.

결국 그는 부르크도르프 언덕 위의 오래된 성城을 학교로 만들어 아이들을 가르쳤는데, 그의 학생들은 전국 초등학교 시험에서 최고 성적을 거두었다. 등산, 수영, 자전거 타기, 노래 부르기 같은 야외 활동과 놀이 중심의 수업을 교육에 녹여 냈기 때문이었다. 이 역시 당시로서는 상상도 할 수 없는 새로운 교육 방법이었다.

페스탈로치는 이페르텐에 세운 학교에서 자신의 교육 이상을 가장 성공적으로 실현했다. 학생들은 소집단으로 나뉘어 학습하고, 각자 배우고 싶은 내용과 학습 속도를 스스로 결정했으며, 교사는 전통적인 '가르침'의 역할을 넘어 '돕는 이'로서 학생 곁을 따뜻하게 지켰다. 활기찬 야외 활동과 체육, 놀이 수업이 이루어졌고, 학생들은 자발적으로 다양한 역할을 맡아 주도적인 학습 공동체를 이루었다.

학교는 언제나 열려 있었으며, 경제적 어려움 때문에 소외된 아이들을 위해 학비를 면제하는 등 오늘날의 교육 현장과 견주어도 전혀 뒤지지 않는 혁신적인 교육 모델을 선보였다. 현대 교실에서 학생들이 모둠을 이루어 학습하고, 체험학습과 학생 중심 수업을 하는 모습은 페스탈로치가 이미 실천한 교육이었다.

인간에 대한 믿음과 사랑

예전에 근무하던 학교에서 독도리나라는 독특한 악기를 소개한 교무기획부장 선생님이 떠오른다. 한국식 오카리나를 동그란 형태로 만든 이 악기를 보면, 독도가 우리 영토임을 알리고자 하는 애국심이 담겨 있다는 것을 느낄 수 있다. 선생님은 업무가 많은 보직을 맡고 있었음에도 독도리나 교사 동아리를 조직하여 아무런 대가 없이 선생님들에게 직접 연주법을 가르쳤다. 그리고 나중에는 모든 학생을 대상으로 독도리나 교육을 확대하기도 했다.

처음부터 선생님들이 모두 협조적이지는 않았다. 바쁜 학교 일상 속에 생소한 악기를 배우는 번거로움은 교사에게 부담으로 작용할 수 있다. 어쩌면 그 선생님은 동료 교사의 입장에서는 번거로움을 안겨 주는 '나쁜 교사'였을지도 모른다. 실제로 힘들었는지 도중에 악기 연습을 중단하는 선생님도 있었다. 나 역시 교사 동아리 명단에 이름만 올라 있을 정도로 잦은 결석을 했다. 그럼에도 부장 선생님은 만날 때마다 은은한 미소로 당장 나오지 않아도 괜찮으니 바쁘지 않을 때 부담 없이 참여하라고 말했다. 선생님의 온화한 지도력과 기다림이 악기를 배우려는 쪽으로 내 마음을 열리게 했다.

선생님은 연주법을 가르치는 데 그치지 않고, 한걸음 더 나아가 독도의 날 기념 평화 음악회까지 기획했다. 그 공연은 전교 학생이 모두 참여하는 첫 독도리나 공연이라는 점에서 큰 의미가 있었다. 솔직히 나는 공연 소식을 듣고서 겉으로는 좋다고 말했지만 속으로는 '아, 지금 너무 바쁜데 일 좀 벌이지 마시지……'라는 생각을 하기도 했다. 그러나 공연이 끝난 후에는 그런 마음이 싹 가셨다.

장기간 준비하는 과정에서 학생들은 꾸준함과 인내, 자기 절제력, 협동심과 성취감 같은 가치를 배웠다. 공연 당일 학교에 울려 퍼진 〈하늘나라 동화〉와 〈홀로 아리랑〉의 아름다운 선율은 아직도 생생하게 기억난다. 우리 반의 장난꾸러기 학생들도 자신이 그런 소리를 내었다는 사실에 가슴이 벅차올라 내게 말을 걸었다. 나도 아이들의 말에 함께 기뻐했고, 이런 기회를 만들어 준 부장 선생님에게 감사한 마음이 들었다. 그와 동시에 나도 모르게 내가 선생님을 '나쁜 교사' 리스트에 올려 두었다는 생각이 들었다. 공연의 사회를 보던 선생님이 나를 보고 활짝 웃었을 때 부끄러움으로 고개를 숙일 수밖에 없었다.

선생님은 학교 업무로 거의 매일 야근할 정도로 바빴지만, 독도리나 교육이 잘 정착되도록 별도의 시간을 내어 꾸준히 노력했다. 등굣길 음악회와 평화 음악회를 추진했고, 학생들이 자유롭게 독도리나를 연습할 수 있도록 점심시간에 음악실도 개방해 놓았다. 한마디로 선생님의 학교 생활에는 '쉴 틈'이 없었다.

어느 날 선생님에게 왜 그렇게 열심히 하느냐고 물어보았다. 선생님은 "제가 음악을 좋아하기도 하지만, 무엇보다 아이들의 밝아진 표정을 보는 게 가장 큰 보람이에요. 밝아진 표정은 학생이 얼마나 건강하게 성장하는지 알려 주는 지표가 아닐까요" 라고 말했다. 그 말을 듣고 항상 독도리나를 목에 걸고 다니던 우리 반 석규가 떠올랐다. 그러고 보니 밝은 듯하면서도 어딘가 표정에 그늘이 져 있던 아이가 악기 연주를 하면서 점점 더 환한 얼굴을 하고 있었다.

누군가는 의문을 품을 수도 있다. 과연 음악이 사람을 바꿀 수 있을까? 이런 식의 헌신적인 교육이 아이들의 전인적 성장에 실제로 도움이 될까? 세상에는 명확하지 않고, '믿음'의 영역 속에 머물러 있는 것들이 많다. 믿고 안 믿는 것은 결국 개인의 선택이다. 다만 믿음을 바탕으로 한 실천은 강력한 힘을 지니며, 사람의 마음을 움직인다. 이태석 신부와 페스탈로치의 삶 그리고 가까이서는 독도리나를 통해 아이들의 표정을 변화시킨 부장 선생님의 모습을 통해 그 믿음의 가치를 볼 수 있었다.

교육은 힘든 환경 속에서도 결코 사람에 대한 믿음을 놓지 않는 것이라는 생각을 품었다. 정확히 말하면 사람은 교육을 통해 성장하는 존재이며, 교육은 사람을 성장시킬 힘이 있는 고귀한 활동이다. 그리고 믿음 위에 '사랑'과 '꿋꿋함'이 함께 어우러질 때, 비로소 그 교육의 시간과 공간에서는 희망이라는 꽃이 피어날 것이다.

'나쁜 교사'는 어떤 교사일까? 디즐리가 바라본 페스탈로치는 '나쁜 교사'였다. 디즐리의 입장에서 페스탈로치는 시샘과 질투라는 부정적 감정을 품도록 한 장본인이기 때문이다. 결국 '나쁜 교사'인 페스탈로치는 모함을 받고 학교를 나와야 했다. 교사의 입장에서 자신을 바쁘게 만드는 다른 교사는 '나쁜 교사'로 여겨질 수 있다.

내가 부장 선생님에게 그랬던 것처럼 누구나 '혼자만 바쁘면 되지 왜 주변 사람을 바쁘게 하냐'는 생각을 품을 수 있다. 그러나 시간이 지나면서 오히려 '나쁜 교사'로 오해받는 그들의 가치는 결국 아이들의 삶 속에서 그리고 교육의 깊은 의미 속에서 빛난다는 것을 깨달았다. 교권이 침해받고 공교육이 무너지는 시점에서 부장 선생님과 같은 '나쁜 교사'들이 있기에 여전히 우리 교육이 희망의 꽃봉오리를 품고 있다.

18

사회를 스스로 바라보도록 하는 교육: 율곡 이이와 프레이리

교육과 실천의 관계

우리는 종종 교육을 '앎'의 문제로 축소한다. 그러나 누군가의 앎이 그 사람의 삶에, 나아가 공동체의 질서에 아무 흔적도 남기지 않는다면 그 교육은 과연 의미가 있는가. 교육은 단순한 지적 유희가 아니다. 특히 공교육은 개인의 자아실현을 넘어 사회적 책임과 실천 가능성을 품을 때 비로소 제 역할을 다한다. 하지만 현실은 다르다. 학교에서 민주주의를 배운다고 하더라도 그 배움이 더 나은 사회를 만드는 행동으로 이어지는 경우는 드물다. 민주주의는 시험문제 속 개념으로 남고, 인권 교육 역시 점수를 위한 지식으로 전락한다. 인권을 배운 학생이 일상에서 타인의 권리를 무심히 침해하는 장면은 어렵지 않게 목격된다.

  교육과 실천 사이의 간극은 단순히 개인의 무관심 때문이 아니다. 뿌리 깊은 원인은 입시 중심의 평가 체제에 있다. 학교는 삶을 성찰하고 세계와 관계 맺는 힘을 길러 주기보다 점수로 환산 가능한 능력을 측정하는 데 집중한다. 학생들은 교과서 속 개념을 정확히 암기하지만, 그것이 현실에서 어떻게 살아 움직이는지 탐구할 기회는 거의 없다. 또한 학교를 '단절된 공간'으로 보는 사회적 인식도 문제다. 학교는 여전히 '시험 준비를 위한 장소'로 기능하는 경우가 많다. 배움은 시험이 끝나면 잊히고, 교육은 현실의 모순을 질문하기보다 조용히 순응하는 태도를 길러 낸다.

  교사 역시 사회구조의 피해자이자 그 안에 갇힌 존재다. 교과서 진도, 수능 대비, 학부모의 기대라는 삼중 압박 속에서 '실천하는 교육'을 지속하기란 쉽지 않다. 교육은 점점 삶과 멀어지고, 실천은 교실 밖으로 밀려나며, 앎과 삶은 분리된 채 왜곡된 형태로 학생에게 주입된다. 이를 극복하기 위해 나는 초등학교에서 워크북을 활용한 인성 교육 프로젝트를 시도했다. 도덕 시간에 배운 가치를 자신의 언어로 정의하고 일상에서 실천할 방법을 정리하여 실천하게 한 뒤, 다음 시간에 실천 결과를 점검했다. 한 학기 동안 이어진 활동은 앎과 의지 그리고 실천을 일상에서 연결하려는 시도였다.

  물론 쉽지 않았다. 가장 큰 어려움은 교사의 지속적인 관찰과 피드백이었다. 스물다섯 명의 워크북을 읽고 맞춤 피드백을 남기는 일은 많은 정성을 요했고 아이들의 실천이 습관으로 굳어지는 데도 상당한 시간이 필요했다. 나는 매주 집요하고 꼼꼼하게 피드백하지는 못했다. 그러나 어느 순간 아이들 몇몇이 꾸준히 실천하는 습관을 들인 것이 눈에 보여 많은 보람을 느꼈다. 이러한 활동은 중·고등학교에서도 가능하다. 예를 들어 교과서에서 배운 인권 개념을 생활 속 사례에서 찾아보고, 개선 방안을 토의하여 결론을 도출한 뒤 실제 행동으로 옮기는 것이다. 이렇게 하면 학생은 특정 개념을 단순히 암기할 지식이 아니라 자신의 삶과 연결된 가치로 받아들이게 된다.

물론 지금의 중등교육은 방대한 지식 전달과 평가 중심의 구조에 놓여 있어 이런 시도를 지속하기 어렵다. 그러나 그 속에서도 교육과 실천을 연결하려 애쓰는 교사는 분명히 존재한다. 드러나지 않는 곳에서 지치지 않고 학생들에게 '살아 있는 배움'을 건네는 이들 말이다. 이런 맥락에서 시대와 환경은 달랐지만 교육을 통해 더 나은 사회를 만드는 주체적인 인간을 기르려 했던 교육자들이 있다. 조

출처: 위키피디아(사진: Slobodan Dimitro)
파울루 프레이리

선의 율곡 이이1536~1584와 브라질의 파울루 프레이리Paulo Freire, 1921~1997는 그런 신념을 지닌 대표적 인물이다. 그들은 오늘날의 교사에게 '전설 속 선배'이자 여전히 살아 있는 길잡이다.

사회를 바꾸려는 실천, 율곡 이이[1]

아이들은 화폐 속 인물에 대해 궁금해한다. 도대체 어떤 사람들이 지폐의 한 면을 장식하는지. 나는 "배운 것으로 세상을 바꾸려는 실천을 한 분들이 아닐까?"라고 대답한다.

학생들과 화폐 이야기를 하다 보면 세종 대왕은 성군으로, 신사임당은 그림을 잘 그리는 인물로 기억하지만 이황과 이이는 낯설어하는 경우가 많다. 그래서 종종 아이들이 화폐 속 인물에 대해 묻곤 한다. 그중 율곡 이이는 단순한 유학자나 정치인이 아니라, 교육으로 세상을 바꾸려 했던 강직한 교육자였다. 1536년 강릉 오죽헌에서 태어난 그는 13세에 진사시에 합격하고, 아홉 번이나 장

출처: 전통문화포털

율곡 이이

원으로 급제할 만큼 명석했다. 그러나 그는 배움을 통해 자기 수양을 넘어 세상을 변화시키는 실천을 하고자 했다.

이이는 젊은 시절 어머니를 여읜 후 금강산에 들어가 불경을 읽으며 불교에 심취한 적이 있다. 나는 불교가 세속을 떠나 깨달음을 구하는 종교라 생각했기에 실천을 중시한 이이와는 어울리지 않는다고 생각했다. 그러나 그는 원효의 사상에서 백성의 고통을 짊어지는 '실천성'을 발견하고, 잠시 출가를 결심했다. 섣부른 결정을 암자의 노승이 말리자 그는 봉은사로 가서 마지막 고민을 하기로 했다. 그곳에서 유교 정치가 백성의 문제를 직접 해결하는 데 더 적합하다는 결론을 내리며 다시 유학자의 길로 돌아왔다. 이런 일화만 보더라도 이이가 삶과 배움에 대해서 얼마나 깊이 고민했는지 알 수 있다.

고향으로 돌아온 그는 스스로를 경계하는 글 자경문自警文을 짓고, 현실 문제를 해결하기 위한 학문에 전념했다. 이이는 벼슬에 나서기 전에 조선 성리학의 토대를 닦은 퇴계 이황을 찾아가 함께 조선을 개혁하자고 제안했지만, 그를 설득하지 못했다. 그러나 그는 좌절하지 않고 '학문과 실천은 하나'라는 신념을 굽히지 않았다. 이이는 관직에 오른 뒤 인사 청탁을 모두 기록해 왕에게 보고했다. 매관매직과 같은 공직자의 부패를 엄히 다스릴 것을 주장했지만, 오히려 경계의 대상이 되어 명나라로 파견되었다.

그는 다시 귀국하여 무너져 가는 조선을 바라보며 거침없이 새로운 정치를 제안했다. 경장론은 국가 제도를 전면 개혁하자는 안이었고, 십만양병설은 현실적 위협에 대비한 군사 방안이었다. 그러나 그의 개혁안은 채택되지 않았다. 이러한 개혁 의지는 그의 사상인 '이기이원적 일원론理氣二元的一元論'에서 비롯됐다. 이理와 기氣는 성리학2의 핵심 개념으로, 이는 보편적인 원리이고, 기는 그 원리를 드러내는 물질적인 에너지라고 볼 수 있다.

건물은 설계도라는 법칙(이에 해당)에 따라 만들어지지만, 벽돌, 나무, 흙 등 다양한 재료(기에 해당)로 구성된다. 시간이 지나면서 건물 재료가 닳더라도 기는 이라는 법칙을 눈앞에 그대로 실현하는 중요한 존재이다. 여기서 이의 우위를 강조하는 주리론과 기의 중요성을 강조하는 주기론으로 입장이 나뉜다. 그러나 율곡 이이는 이의 보편성과 기의 특수성을 함께 중시했다. 기를 함께 중시했다는 말은 올바른 이상을 세우는 데 머물지 않고, 눈앞의 현실 문제를 해결함으로써 이상을 현실에 구현해야 한다는 뜻이다. 이런 사상을 바탕으로 그의 경장론과 십만양병설 역시 나오게 된 것이다.

현실 정치에서 좌절을 겪은 그는 관직에서 물러나 황해도 해주에 은병정사를 세우고, 그곳에서 제자들과 함께 학문과 인격 수양을 병행하는 교육에 전념했다. 그는 후학에게 매일의 생활 속에서 몸가짐과 마음가짐을 바로 세우는 '경敬'의 실천을 강조했다. 이이는 배움이 생활과 분리되지 않도록 하며, 일상의 몸가짐과 마음가짐을 단련하는 것도 학문의 일부로 보았다. 은병정사를 설립하기 전에 그는 성리학의 핵심 개념을 청소년 눈높이에 맞춰 풀어낸 《격몽요결》을 편찬했다. 이 책은 '무엇을 배울 것인가'보다 '어떻게 살아야 하는가'를 먼저 묻는다. 마음을 세우는 법, 몸소 실천하는 법, 부모를 섬기는 법, 사물을 대하는 법을 책에 담아³ 지식이 삶 속에서 살아 움직이도록 했다.

비록 정치가로서는 뜻을 이루지 못했지만, 그는 좌절을 단순한 실패로 남기지 않았다. 오히려 교육을 통해 후대에 개혁의 씨앗을 심으려 했다. 이이는 학문을 단순한 지식 전달이 아니라 세상을 바꾸는 힘으로 보았다. 제자들에게도 글을 읽고 외우는 것보다 바른 뜻을 세우고 몸소 실천하는 것이 더 중요하다고 가르쳤다. 그의 교육은 오늘날로 치면 '미래를 준비하는 시민 교육'에 가깝다. 정치가의 자리에서 당대의 부패를 바꾸는 데 실패했을지라도 교육자로서 그는 제자들에게 이상을 현실로 만드는 방법을 물려주었다. 율곡 이이는 그렇게 권력보다 사람을 길러 세상을 바꾸고자 한 실천의 교육자였다.

브라질 교육 개혁의 아이콘, 프레이리[4,5]

율곡 이이의 삶을 돌아보면 지구 반대편 브라질의 한 교육 실천가가 떠오른다. 바로 '해방의 교육'을 주창한 파울루 프레이리다. 프레이리는 브라질 동북부 헤시피에서 태어났다. 세계 대공황의 여파 속에서 그는 어린 시절 극심한 빈곤과 기아를 겪었다. 대학에서 법학을 전공해 변호사가 되었지만, 빌린 돈을 갚지 못한 딱한 치과 의사를 상대로 채권자를 대변해 소송을 신행해야 하는 현실과 마주했다. 그 경험은 그에게 깊은 회의를 안겼고, 결국 변호사의 길을 접게 만들었다.

그는 브라질 전국산업연맹이 1946년에 설립한 산업 복지국 Industrial Social Service에서 1947년 농촌 빈민과 도시 노동자를 위한 교육 프로그램을 맡았다. 산업 복지국이 경제·사회적 어려움을 해결하고 가난한 노동자들에게 교육과 보건을 제공한다는 명분을 내세웠다. 이 시기는 프레이리가 성인 교육에 가장 많은 시간과 열정을 쏟은 때였다. 그는 곧 가난이 개인의 게으름이나 무능이 아니라, 가진 자는 더 가지고 못 가진 자는 더 빼앗기는 불평등한 사회구조에서 비롯된다는 사실을 깨달았다.

문제의 본질을 인식한 프레이리는 단순히 글자를 읽고 쓰는 법을 가르치는 수준을 넘어, 자신이 사는 세상을 이해하고 사회구조가 삶에 어떤 영향을 미치는지를 깨닫게 하는 문해 교육을 중시했다. 또한 그는 소수 엘리트가 지배계급을 유지하는 도구로 교육을 이용한다고 비판하며, 카피바리비라는 대안학교 설립에 참여했다. 이 학교는 구성원 모두가 학교 운영에 참여하고, 학습 속도와 개인적 배경을 존중하며, 학습의 양보다 질을 중시하고, 현실과 동떨어지지 않은 교육을 지향했다.

그러나 1957년 그는 산업 복지국을 떠나기로 결심했다. 본질적으로 지배계급의 기득권을 유지하기 위한 '자선 기구'임을 깨달았기 때문이다. 그는 2년 뒤 산업 복지국에서의 경험을 바탕으로 박사 학위 논문 〈브라질의 교육과 현실〉을 발표하며 교육 철학과 역사 분야에서 박사 학위를 받았다. 프레이리는 지식과 이론을 탐구하고 이를 현실에 적용하는 과정을 반복했는데, 이를 '이론과 실천의 긴장'이라 불렀다.

1960년 그는 헤시피대학교의 교육역사·철학과 교수로 임명되었다. 교수가 된 이후에도 대중문화 운동 조직에 가입해 교육·문화·정치 등 브라질 사회 곳곳에서 소외된 대중이 변화의 주체가 되도록 힘썼다. 프레이리는 1963년 4월 브라질 북부 앙기쿠스Angicos에서 자신만의 문해 교육 방식을 적용해 성인에게 글을 가르치는 프로젝트를 시작했다. 이는 '가르침과 배움은 학습자의 현실에서 출발해야 한다'는 그의 신념을 충실히 반영한 것이었고, 40일 동안 총 40시간의 수업으로 성인 300명이 글을 깨우치는 성과를 거두었다.

그러나 1964년 군사 쿠데타가 일어나자 그는 체제 전복 모의 혐의로 투옥되었다. 평소 대중문화 활동MCP을 통해 민중의 각성을 도모했던 그를 군부는 공산주의자로 몰았다. 출옥 후 볼리비아로 망명했지만, 그곳에서도 쿠데타가 일어났다. 이어 칠레로 향한 프레이리는 농축산업 발전 연구소에서 농민들과 생활하며, 자본과 권력을 가진 자와 그렇지 못한 자들 사이의 불평등 문제에 집중했다.

하지만 칠레 정부도 그를 의심하기 시작했다. 프레이리는 스스로를 보호하고 자신의 사상을 기록하기 위해《페다고지: 피억압자들의 교육학》집필에 착수했다. 이 책은 1970년 미국 뉴욕에서 출판되어 세계 각국으로 퍼져 나갔고, 그에게 국제적 명성을 안겨 주었다. 부제에서 알 수 있듯, 책의 핵심은 '의식화'를 통한 인간 해방이었다. 의식화란 현실의 모순을 자각하고 억압 구조에 맞서 행동하는 과정을 뜻하며, 궁극적으로 현실 변혁을 지향한다.

프레이리는 의식화를 방해하는 '은행예금식 교육'을 비판했다. 이는 교사가 일방적으로 지식을 주입하는 방식으로 학습자가 스스로 생각하는 능력을 기르기 어렵게 만든다. 그는 대신 문제 제기식 교육과 대화 중심 교육을 강조했고, 교사와 학생이 상호 존중하며 함께 성장해야 한다고 보았다. 교육을 단순한 지식 전달이 아니라 인간 해방을 위한 실천으로 본 것이다.

이후 그는 하버드대학교 교수이자 스위스 세계교회협의회 자문으로 활동하며 유럽·아메리카·아프리카·오세아니아·아시아 등지에 문해 교육과 민주주의 교육을 전파했다. 그의 교육 방식은 탄자니아에서 성공적으로 적용되었다. 1979년 군사 정권이 무너진 뒤 고국으로 돌아온 그는 대학에 복직하고, 1989년에는 교육 담당 비서관으로 선출되어 교육 행정을 이끌었다. 생의 마지막 순간까지 그는 문해 교육, 학교의 사회적 역할 정립, 민주주의를 위한 교육에 헌신했고, 1997년 76세를 일기로 세상을 떠났다.

프레이리의 평생을 관통한 핵심 개념은 프락시스praxis다. 이는 사고와 행동의 통일을 뜻하며, 이론과 실천을 분리하는 사고방식을 비판한다. 그는 교육을 통해 사람들이 세상을 이해하고, 주체적으로 부당한 구조를 바꾸도록 이끌었다. 오늘날에도 그의 사상은 교육이 단순한 지식 전달을 넘어 사회를 변화시키는 힘이 될 수 있다는 믿음을 굳건히 해 준다. 그리고 이 점에서 시대와 대륙을 초월해 프레이리와 율곡 이이는 '현실의 변화를 꿈꾸는 실천적 지성'이라는 공통된 빛을 발한다.

현실과 맞서며 가르치기

6학년을 가르치던 어느 해 독도의 날을 맞아 우리 학년은 특별한 수업을 준비했다. 대형 현수막에 독도를 사랑하는 마음을 담은 그림을 그리고, 학교 기둥에 걸어 독도가 우리 땅임을 알리는 활동이었다. 독도는 역사적으로 분명히 우리나라 영토임에도 일본이 여전히 자기 땅이라고 주장하는 현실이 늘 불편했다. 아이디어가 좋아 우리 학년은 부장 선생님의 계획을 따르기로 했다.

그런데 단순히 그림을 그리고 현수막을 거는 것으로 끝난다면 일회성 행사에 그칠 것 같았다. 그래서 다섯 차시의 수업을 계획했다. 두 차시는 독도가 우리 땅인 이유를 살펴보고, 두 차시는 현수막 제작, 마지막 한 차시는 독도 알리기 캠페인을 하는 것으로 구성했다. 문제는 첫 수업이었다. 단순히 독도가 우리 땅인 근거를 나열해 설명하는 수업은 기억에 오래 남기 힘들었다.

고민 끝에 아이들에게 약간의 자극을 주기로 했다. 일본의 주장을 지지하는 척 연기해 아이들을 놀라게 한 뒤, 처음 내세운 주장을 우리나라의 입장에서 반박하는 일종의 '깜짝 카메라 수업'을 준비했다. 수업 날 나는 일부러 엄숙한 표정을 지으며 입을 열었다. "얘들아, 사실 선생님은 독도가 우리 땅이 아니라고 생각한다. 자료를 보면 볼수록 일본 땅 같아." 아이들의 얼굴이 굳었다. 진심으로 당황하고 실망한 눈빛이 보였다. 나는 곧바로 질문을 던졌다. "그럼 왜 독도가 우리 땅인지 자신 있게 말해 볼 사람?"

손이 몇 개 올라왔지만 대답은 "그냥요", "당연하잖아요" 정도의 수준이었다. 나는 준비해 온 일본 측 자료를 꺼냈다. 시마네현 고시, 1951년 체결된 샌프란시스코강화조약 등 아이들이 처음 듣는 내용을 일본의 시각에서 설명했다. 아이들은 자료 준비가 안 되어 속수무책이었다. 몇몇은 얼굴이 붉어졌고, 일부는 멍하니 나를 바라봤다. 나는 그 침묵을 길게 유지했다.

솔직히 약간 불안했다. 혹시 아이들이 '선생님이 독도가 일본 땅이라 했다'는 말만 부모님께 전한다면 곧바로 민원이 들어

올 수 있기 때문이다. '착한 교사'처럼 처음부터 정답을 알려 주고 넘어가는 게 안전한 길이다. 하지만 지금처럼 아이들이 하고 싶은 말을 하지 못해 답답해하는 순간이야말로, 학습 의욕이 커지는 출발점이라고 믿었다.

"일본은 독도를 자기 땅이라 믿게 하는 교육을 체계적으로 하고 있어. 그런데 너희가 지금처럼 '그냥 우리 땅이야!'만 외친다면, 설득력이 있다고 할 수 있을까? 진실도 그것이 진실인 이유를 알고 있어야 한다. 특히 독도 문제는 세계 사람들이 물을 때 언제든 근거를 갖고 답할 준비가 되어 있어야 해."

다음 시간 아이들은 각자 자료를 찾아 일본 측 주장에 반박했다. 처음엔 서툴렀지만, 점차 "역사 기록에 따르면……", "국제법에서는……"처럼 근거를 덧붙이며 발표했다. 그 과정은 긴장과 혼란 속에서 스스로 사고하고 논리를 조직하는 훈련이었다.

이후 교실 바닥에 흰 천을 펼쳐 현수막을 만들었다. 아이들은 엎드려 그림을 그리고, 배운 역사적 근거를 글로 적었다. 파란 바다와 태극기, 독도 그림 속에 아이들의 생각이 녹아들었다. 완성된 현수막은 학교 기둥에 걸었고, 점심시간에는 〈독도는 우리 땅〉 노래를 틀며 캠페인을 벌였다. 예전에 배운 플래시몹 율동을 하며 지나가는 사람들에게 한 명씩 독도가 우리 땅인 이유를 설명하는 미션도 줬다.

나는 아이들이 답답함과 혼란을 해결하기 위해 논리를 세우고, 행동으로 옮기는 과정을 보며 큰 만족을 느꼈다. 수줍음 많던 아이들이 처음에는 쭈뼛쭈뼛 서 있다가 이윽고 춤을 추며 지나가는 사람들에게 말을 거는 모습은 큰 기쁨이었다.

'착한 교사'는 예상되는 어려움을 피해 안전한 수업만 하는 교사다. 나 역시 한때 그런 소시민적 삶을 살았다. 하지만 아이들이 인지적 갈등 속에서 사고하고 작은 행동으로 변화를 경험하는 것이 교육의 힘이라고 믿는다. 나는 안주하고 싶다는 생각이 들 때가 많다. 하지만 아이들이 변화하는 모습을 보면 그런 생각이 사르르 녹는다. 율곡 이이와 프레이리가 그랬듯 나도 아이들이 '생각하고 행동하는 주체'로 자라길 바란다. 이상을 세우고, 현실에서 그와 관련된 문제를 해결하는 배움, 그것이 교실에서 시작되는 세상을 바꾸는 작은 실천이다.

19
장애인과 세상을 이어 준 교육자: 몬테소리와 박두성

통합학급 경험과 부족했던 나

"죽여 버릴 거야!" 처음으로 통합학급 담임을 맡았을 때 동범이에게 들은 말이다. 지적장애가 있는 그는 학습 속도가 느리고 문제 해결 능력이 또래보다 부족했지만, 특수교사의 노력 덕분에 기본적인 대화를 나누거나 사칙연산을 수행하는 데 어려움이 없었다. 게다가 웃을 때면 보는 이의 기분도 덩달아 좋아지게 하는 매력도 있었다. 그러나 동범이는 다른 사람과 유연하게 소통하는 면에서 어려움을 겪고 있었다. 친구들과 어울리는 방법이 서툴고 미숙해 점심시간이면 혼자 운동장을 걷곤 했다. 나는 이 모습이 종종 마음에 걸렸다.

어느 날 그는 친구의 책상에 가래침을 뱉었다. 이를 본 아이는 "마치 드래곤볼의 원기옥처럼 온몸에 기를 모으더니 침을 뱉었어요"라고 내게 말했다. 믿기지 않았지만 그 장면을 생생하게 묘사하는 말에 신빙성을 느껴 곧장 동범이를 불러 왜 침을 뱉었는지 물었다. 동범이는 "그냥 뱉고 싶어서요"라고 답했다.

나는 침을 뱉는 것은 더럽고 다른 사람을 불쾌하게 할 수 있는 행동임을 설명한 뒤 깨끗이 닦게 했다. 동범이는 고개를 끄덕였다. 하지만 다음 날 같은 일이 또 반복됐다. 다시 이유를 묻자 여전히 "그냥요"라고만 답했다. 같은 일이 반복되자 인내심은 점점 바닥나기 시작했다. 마침내 나도 모르게 목소리가 커졌고, 그 순간 동범이가 '죽여 버린다'고 외쳤다.

그때의 나는 통합학급에 대한 이해도 준비도 없었다. 교대 재학 시절 특수교육 과목을 대충 넘기며 나와 무관한 과목이라 생각했던 부끄러운 기억이 떠올랐다. '죽여 버린다'는 말을 들은 이후 책장 속에 묵혀 두었던 《특수교육의 이해》를 다시 펼쳤다. 동범이와 더 가까워지기 위해 표정이 담긴 사진을 이용해 감정 표현을 연습시켰고, 분노를 다스리는데 도움이 되는 심호흡을 알려 주며 사회적 규칙을 반복하여 설명했다.

그리고 시간 날 때마다 함께 놀았다. 변화는 더뎠지만, 교사가 '전문직'이라 불리는 까닭은 바로 그런 느린 변화를 견디는 데 있다고 믿었다. 어느 화창한 날 음악 시간이었다. 〈넌 할 수 있어〉라는 노래를 가르치며 나는 학생들에게 서로 바라보며 "넌 할 수 있어"라고 말해 보자고 했다. 갑자기 동범이가 손을 번쩍 들며 외쳤다. "선생님! 저도 할 수 있어요!"

무엇을 할 수 있다는 건지 나는 알 수 없었다. 짝이 자신에게 '넌 할 수 있다'고 말해 주어 기뻤던 걸까. 나는 영문도 모른 채로 망설임 없이 "응, 동범이도 당연히 할 수 있지!"라고 대답했다. 그 말 한마디는 동범이가 친구들과 어울리는 세계로 나가기 위한 첫걸음이었을지도 모른다. 지적장애 아동은 일반적으로 언어 발달 속도가 지체된다. 또한 이로 인해 언어를 통해 자기표현을 하거나 주변 환경을 충분히 통제할 수 없을 때는 문제 행동으로 감정을 표출할 수 있다.[1] 그런 학생에게 교사는 조급함이 아닌 기다림으로 응답해야 한다. 나는 뒤늦게나마 그 기다림의 길에 첫발을 내디디고 있었다.

동범이가 친구들과 어울리지 못할 때마다 나는 초등학생 시절의 한 친구를 떠올린다. 전교에서 '바보'로 놀림받던 특수학급 학생이었다. 그는 늘 웃는 얼굴로 다녔지만 코를 후비거나 침을 흘려서 아이들에게 지저분하다는 취급을 받았다. 심한 말을 들어도 그저 웃기만 하는 아이였지만 몇몇 학생은 그를 장난감처럼 대하며 놀렸다. 우스꽝스러운 말투로 흉내 내거나 이상한 행동을 시키고, 심지어 주먹이 센 아이는 기분이 나쁠 때마다 화풀이 대상으로 삼았다.

더 안타까운 것은 아이들 사이에서 그의 이름이 바보나 멍청이를 대신하는 대명사처럼 굳어졌다는 점이다. 아이들은 친구를 놀릴 때 그 아이의 이름을 부르는 일이 허다했다. 장애에 대한 인식도, 괴롭힘을 멈추게 하는 지도도 부족한 시절이었다. 나는 직접 괴롭히거나 놀리지는 않았지만, 그 친구가 놀림받는 것이 나와 상관없는 일이라고 여겼다.

그러던 어느 날 그를 둘러싼 고학년 형들이 눈에 들어왔다. 형들은 그 친구를 비웃으며 지렁이를 손으로 잡으라고 압박하고 있었다. 덩치 큰 형들이 무서웠지만 장난의 정도가 심하다고 느껴 그들 사이로 들어갔다. '그만하면 좋겠다'는 내 말에 형들은 서로 쳐다보며 웃더니 내 배를 발로 차며 말했다. "죽고 싶어? 그럼 네가 대신 만질래 아니면 가던 길이나 갈래?"

그 시절 내가 살던 동네는 주먹이 법보다 우선인 각자도생의 사회였다. 맞고 돌아와도 어릴 땐 서로 치고받고 크는 것이라 여기는 어른들이 많았고, 보복이 두려워 신고도 쉽지 않았다. 휴대폰조차 없던 때라 즉시 도움을 청하기도 어려웠다. 무엇보다 형들에게 맞는 게 무서웠다. 결국 나는 그 친구를 두고 무기력하게 돌아섰다.

교사가 된 지금까지도 그날의 장면과 친구의 이름이 선명하다. 그 당시 무기력하고 부족했던 나를 돌아보면서 장애인의 인권을 존중하지 않는 세상에 맞서 사회를 바꾸려 했던 두 사람이 떠오른다. 마리아 몬테소리Maria Montessori, 1870~1952와 박두성 1888~1963이다.

편견과 억압의 허들을 넘은 교육자[2]

마리아 몬테소리는 1870년 이탈리아 로마 근교 안코나에서 태어났다. 여성의 사회 진출이 극히 드물던 시절임에도 부모는 그의 교육을 위해 직장까지 옮겼다. 자유로운 환경 속에서 자란 그는 7세에 초등학교에 입학했다. 당시 이탈리아 인구 절반 이상이 문맹이었고 여성이 정규교육을 받는 일은 더 드물었다. 어느 날 몬테소리는 학교에서 돌아오던 길에 아이들이 클라라라는 여자아이에게 돌을 던지고 모래를 뿌리는 장면을 목격했다. "꼽추야!"라는 조롱이 이어지고 있었다. 몬테소리는 주저 없이 그들을 막아섰고, 이후 두 사람은 친구가 되었다.

그러나 동네 어른들이 몬테소리의 어머니를 찾아와 척추장애를 가진 클라라와의 교제를 말렸다. 몬테소리는 화를 냈고 어머니는 딸의 뜻을 존중했다. 그가 마주한 첫 번째 허들, 장애인과 비장애인은 어울릴 수 없다는 편견 앞에서 그는 어린 나이에도 조용하지만 단호하게 '아닌 건 아니다'라고 행동으로 답했다. 일부는 그가 부유한 집안의 자녀였기에 이런 저항이 가능했다고 말한다. 수긍이 가는 면도 있지만, 그

출처: 위키피디아
마리아 몬테소리

시절 부유한 사람 중에 과연 몇이나 편견에 맞서려고 노력했을까. 아는 것과 실천하는 것 사이의 간극은 결코 작지 않다. 그는 그 간극을 어릴 적부터 행동으로 좁혀 나가고 있었다.

1883년 초등학교를 졸업한 몬테소리는 전국의 이공계 수재들이 모이는 미켈란젤로 기술학교 진학을 결심했다. 그러나 이 학교는 '남자들만 가는 곳'이라는 인식이 강했다. 아버지는 반대했지만, 어머니는 사회의 고정관념에 맞서려는 딸의 뜻을 지지했다. 기술학교에 진학한 몬테소리는 편견 어린 시선과 불리한 환경을 견디며 성실히 공부했고, 결국 우수한 성적으로 졸업했다. 두 번째 허들, 여성의 역할에 대한 사회적 편견을 실력으로 넘어선 것이다.

이후 국립 공과대학에 진학했으나, 의사의 꿈이 커지면서 로마대학교 의과대학 입학을 시도했다. 당시 의과대학은 여성 신입생을 받지 않았지만, 그는 교황에게 탄원서를 올렸고 "여성이라는 이유로 입학을 제한하는 것은 옳지 않다"는 답을 얻었다. 입학 후에도 노골적인 따돌림이 이어졌지만, 1896년 그는 마침내 이탈리아 최초의 여성 의사로 졸업하며 두 번째 허들을 완전히 넘어섰다.

하지만 졸업 후 사회는 또 다른 장벽을 세웠다. 병원에서 그를 받아 주지 않아 어렵게 정신병원의 보조 의사로 일하기 시작했다. 그곳에서 그는 세 번째 허들, 지적장애인은 배우지 못한다는 편견을 마주했다. 당시 지적장애 아동들은 교육은커녕 동물처럼 방치되었다. 그러나 몬테소리는 아이들이 빵 부스러기로 노는 모습을 보고 교육 가능성을 직감하여 색종이·찰흙·나무 블록 같은 교구를 주었다. 아이들은 교구를 활용한 놀이에 집중했고, 이를 지속한 끝에 정서적 안정과 함께 지적 발달도 이뤄냈다. 일부는 공립초등학교 입학시험에 합격했다. 모두가 '불가능하다'고 말한 일을 끝까지 밀어붙여 성과를 낸 것이다. 몬테소리는 이 과정을 통해 교육학을 체계적으로 공부해야겠다는 생각을 했다.

그는 또 한번 새로운 도전을 위해 로마로 향했고, 마침내 교육자의 길에 들어섰다. 프랑스의 정신과 의사 이타르와 세갱의 연구에 영향을 받아 지적장애 아동 교육에 관심을 기울이게 된 몬테소리는 1907년 로마 빈민가 산 로렌초에서 교육 실험의 기회를 잡았다. 범죄와 혼란이 뒤섞인 지역에서 그는 세계 최초의 어린이집 '카사 데이 밤비니'를 설립했다.

몬테소리는 지식을 주입하는 대신 아이들에게 꽃, 그림, 블록 등 다양한 교구를 제공해 스스로 탐구하고 몰입하게 했다. 아이들이 자발적으로 자극을 받고 흥미를 찾아가며 배우는 몬테소리 교육법의 핵심이 바로 이 시기에 완성됐다. 교육의 결과 아이들은 놀라운 집중력과 자기 성장을 보여 주었고, 이 성과는 곧 세계의 주목을 받았다. 그는 '지적장애 아동도 가능성을 지닌 존재'라는 철학을 실천으로 증명하며 세 번째 허들을 멋지게 넘어섰다.

이 무렵 샌프란시스코 박람회에서 몬테소리는 자신의 교육법을 세계 학자들에게 소개했다. 그러나 일부 교육학자들은 노골적인 의문과 조롱을 퍼부었다. 미국 교육협회장은 '지적장애를 개선한다는 이야기는 거짓 아니냐'며 비웃고, 지적장애아를 그의 앞에 데려와 '정상인'처럼 반응하게 해 보라고 요구했다. 정상인이란 표현은 무례함을 넘어, 장애인을 특정 기준에 미치지 못하는 열등한 존재로 보는 차별적 발언이다.

그러나 몬테소리는 위축되지 않았다. 곧바로 유리 벽으로 된 교실 안에서 장난감과 그림책으로 아이와 교감했고, 결국 아이는 기차 장난감을 즐겁게 가지고 놀게 되었다. 이 일은 큰 반향을 일으켰고, 1922년 그는 이탈리아 정부의 요청으로 장학관으로 임명됐다. 하지만 곧 이탈리아에 무솔리니가 이끄는 파시즘 독재 정부가 들어섰다. 그들은 '지도자에게 절대 복종하고, 국가를 위해 희생해야 한다'는 파시즘 사상을 몬테소리학교에도 강제로 주입하려 했다. 게다가 지적장애아를 '기형아와 다를 바 없는 존재'로 규정하며 교육 지원을 중단하는 비인간적인 정책을 강행했다.[3]

몬테소리는 장학관 자리를 내려놓고 반정부 운동에 나섰다. 그 결과 모든 몬테소리학교가 폐쇄되고, 그의 저서들은 불태워졌다. 하지만 그는 굴하지 않고 인도로 건너갔다. 열악한 그곳의 교육 환경 속에서도 사재를 털어 학교를 설립하여 교육의 불씨를 지켰다. 결국 무솔리니 정권은 제2차세계대전에서 패하며 몰락했고, 몬테소리는 노벨평화상 후보에까지 올랐다. 그러나 그는 이를 사양했다. 이렇게 그는 '정치적 외압'이라는 네 번째 허들도 당당히 넘어섰다.

한글 점자를 창안한 박두성[4]

우리나라에도 장애인을 위해 편견과 억압이란 허들을 멋지게 뛰어넘은 선생님이 있다는 사실을 알고 있는가? 몬테소리가 활동하던 20세기 초 한국에는 특수교육에 헌신했던 박두성 선생님이 있다.

박두성은 일제강점기라는 암울한 시대 속에서도 한글 점자를 창안한 위대한 교육자다. 그는 1888년 인천광역시 강화군 교동면 달우물마을, 신앙심 깊은 기독교 가정에서 태어났다.

독립운동가 이동휘가 세운 보창학교에서 신학문을 배우고, 1906년 서울에 설립된 관립 교원 양성 기관인 한성사범학교를 졸업한 그는 어의동보통학교에서 교사로 근무했다. 그러나 1910년 나라가 일본에 의해 강제로 빼앗기게 되자, 1913년 시각장애인 교육을 담당하는 제생원에 맹아부 교사로 부임했다. 그때부터 그는 한평생 시

출처: 위키피디아
박두성

각장애인의 교육·재활·복지 향상에 온 힘을 바쳤다.

특수교육에 대한 이해가 부족하고 억압적인 식민지 교육이 횡행하던 시대 속에서도 박두성은 시각장애인을 무시하거나 소외하지 않았다. 특히 일본어 점자만을 강요하는 교육 현실에 불만을 품고, 1920년부터 한글 점자 개발을 시작했다. 1923년에는 비밀리에 조선어점자연구위원회를 조직하여 믿을 수 있는 사람들과 함께 체계적인 연구에 힘썼다.

1920년대는 3·1운동 이후 일제가 조선의 통치 방식을 유화적으로 바꾼 듯 보이지만, 실제로는 조선을 더욱 정교하게 지배하려는 전략의 전환기였다. 국제사회의 비판을 무마하고 조선인의 불만을 누그러뜨리려는 외형적 변화였을 뿐 식민지 탄압은 여전히 계속되었다. 그런 시기에 점자를 비밀리에 연구한다는 것은 매우 위험한 일이었지만, 박두성은 7년에 걸친 끈질긴 노력 끝에 한글 점자인 '훈맹정음'을 완성해 냈다.

훈맹정음은 '배우기 쉽고, 점의 수가 적으며, 헷갈리지 않아야 한다'는 원칙에 따라 만들어졌다. 세계적으로 통용되는 여섯 개의 점을 조합하여 초성·중성·종성으로 이루어진 한글의 구조를 그대로 반영한 점자 체계는 시각장애인이 쉽게 익히고 활용할 수 있도록 설계되었다. 그는 일제의 탄압에도 불구하고 이 한글 점자로 《조선어 독본》을 출판하여 시각장애인의 마음에 민족의식을 고취시켰다.

또한 그는 우편을 활용해 전국 각지의 시각장애인에게 교육

자료를 전달했으며, 그들이 점자 우편을 무료로 이용할 수 있도록 체신국에 건의하기도 했다. 아울러 교과서에 등장하는 시각장애인에 대한 부정적 표현을 수정해 달라고 요구하고, 다양한 분야의 책을 점자 책으로 제작하는 등 시각장애인의 인권과 학습권 확대를 위해 힘썼다. 이처럼 박두성은 단순한 교육자를 넘어, 시각장애인의 권리를 대변하는 사회 활동가이기도 했다.

그는 시각장애인들에게 편지를 보내 '보지 못하는 사람은 부족한 지식을 글에서 얻어야 하며, 그러기 위해서는 점자를 배워야 한다'고 강조했다. 많은 사람들이 장애인을 쓸모없는 존재로 여기던 시대에 박두성은 시각장애인에게 한 줄기 등불 같은 존재였다. 박두성은 이 외에도 점자로 된 성경책을 완성하여 시각장애인을 전도하기도 하였다.

박두성이 처음 넘은 허들은 몬테소리가 마주했던 장애인에 대한 여러 편견과 차별이었다. 제생원 맹아부 교사로 근무하던 시절 그는 방학 때마다 전국을 돌아다니며 시각장애인을 찾아 나섰다. 눈이 보이지 않는 이들에게도 배움의 기회를 주고 싶었던 것이다.

이러한 그의 노력에 일본인 관리가 핀잔을 주자 박두성은 당당히 맞섰다. '능숙한 목수는 아무리 굽은 나무라도 버리지 않는다'며, 조선의 맹인들이 잘 살기를 진심으로 바란다면 그 마음부터 고치라고 응수했다. 박두성은 앞서 말했듯 편견과 차별을 바로잡기 위해 한글 점자를 창안하고, 점자 우편 제도 개선을 요구했으며, 교과서 내용 시정을 촉구하며 멋지게 허들을 넘었다.

그가 넘은 두 번째 허들은 특수교육 인프라의 부재였다. 그가 보통학교에 부임했다가 특수학급 교사가 된 것으로 미루어, 당시에는 체계적인 특수교육 교사 양성 체계가 없었음을 짐작할 수 있다. 점자로 된 교재나 도서도 극히 부족한 상황이었다. 그럼에도 그는 다양한 분야의 점자 책을 제작하며 정보의 불균형을 해소하고자 했고, 성경을 점역하여 종교를 통한 인문학적·영적 성장의 기회까지 제공하며 난관을 이겨 냈다. 인프라의 부재를 단지 극복한 것이 아니라 스스로 인프라 그 자체가 된 것이다.

그가 넘은 가장 큰 허들은 그가 태어난 '시대' 즉, '일제강점기의 정치적 억압'이라는 거대한 장벽이었다. 일제는 조선인의 민족 정체성을 말살하기 위해 일본어 교육을 강요했기에 한글 점자 개발은 반일 운동으로 간주될 위험이 있었다.

그럼에도 그는 비밀 조직을 만들어 점자를 개발했고, 이를 바탕으로 교재를 만들어 민족 정체성을 고취했다. 이는 상대적으로 주목받지 않던 점자라는 영역에서 민족 교육을 실현한 독창적인 반일 운동이었다. 진흙탕 속에서 은은히 피어나는 연꽃을 봤을 때가 떠오른다. 박두성이 살았던 일제강점기는 숨 막히는 진흙탕 같은 시대였고, 그 속에서 고결한 교육의 등불을 밝힌 그는 후대를 살아가는 우리에게 연꽃과 같은 자취를 은은히 남겼다.

오늘의 허들을 넘는 사람들, 특수교사

몬테소리와 박두성이 넘었던 허들은 단순히 역사 속 이야기가 아니다. 오늘날에도 그 허들은 다른 모습과 이름으로 우리 곁에 존재하며 그 앞에 서 있는 사람들이 있다. 바로 특수교사이다. 내가 함께 근무했던 특수학급 선생님은 동범이와 함께한 수학여행에서 그 모습을 여실히 보여 주었다. 2박 3일 동안 선생님은 한순간도 동범이 곁을 떠나지 않았다. 에버랜드에서는 아침부터 저녁까지 함께 놀이기구를 타고, 곳곳을 구경하고, 식사하며 웃음을 나눴다. 그 헌신은 단순한 보호가 아니라 '좋은 추억'을 만들어 주기 위한 세심한 배려였다.

정성은 다른 행사에서도 이어졌다. 학예회에서 무대에 올라 마술 공연을 하고 싶어 한 아이들이 있었는데, 동범이도 그중 한 명이었다. 다른 아이들보다 동작을 익히는 데 시간이 오래 걸렸지만, 선생님은 먼저 다가가 끝까지 지도했다. 동범이가 이해할 수 있는 수준에 맞춰 차분하게 방법을 알려 주었고, 편안한 분위기 속에서 동범이는 마술을 성공할 수 있었다.

특수교사의 하루는 아이들 곁에서 시작해 아이들 곁에서 끝난다. 하지만 그 사이에는 수업 준비와 지도, 개별화 교육 계획 수립, 학부모 상담, 통합학급 담임과의 협력 그리고 끝없는 행정 업무가 끼어든다. 한 교실에 배치된 학생 수는 법정 정원보다 많아지는 경우가 잦다. 보조선생님은 턱없이 부족하다. 때로는 발달단계가 제각각인 학생들을 동시에 지도해야 하고, 그 와 중에 한 명은 화를 참지 못해 의자를 던지고 다른 한 명은 바닥에 드러누워 울음을 그치지 않을지도 모른다. 이런 상황에서도 수업을 이어 가야 한다.

2024년 10월 인천의 한 초등학교 특수교사는 과밀학급과 과도한 행정 업무로 극심한 스트레스에 시달린 끝에 극단적인 선택을 했다. 현장은 늘 '충분히 준비된' 통합 교육을 원하지만, 현실은 그에 미치지 못한다. 충분한 지원 없이 장애 학생을 일반학급에 배치하는 것만으로 통합 교육이 이루어졌다고 여기는 분위기도 큰 장벽이지만, '장애아를 대하니까 특수학급 교사는 원래 힘든 것'이라며 희생을 당연시하는 시선은 '착한 교사'라는 이상을 내세운 가스라이팅과 같다. 특수교사는 학교 현장에서 소수에 불과하지만, 그들의 손길이 필요한 아이들은 해마다 늘어난다. 충분한 보조 인력 지원과 행정 업무 경감 방안 마련이 시급하다.

특수교사의 도움이 닿은 아이들은 언젠가 자기만의 속도와 길로 나아간다. 몬테소리와 박두성이 그랬듯 오늘의 특수교사는 장애와 세상 사이에 다리를 놓는 사람들이다. 그리고 다리를 놓는 과정 곳곳에서 시대마다 모양과 높이가 다른 허들을 만난다. 그렇다면 과연 오늘날의 특수교사들은 제도와 인식이라는 허들을 넘을 수 있을까? 허들은 왜 여전히 존재하는 걸까? 누군가가 그 허들을 치워 줄 순 없는 걸까? 교사가 넘지 못해 쓰러진다 해도 그 책임이 과연 특수교사 개인에게만 있는 걸까?

20
나쁜 교사가 공교육을 지킨다

착한 교사 신화 가스라이팅   앞서 나는 교육사에 길이 남을 위대한 스승들을 교사의 이상적 전형으로 소개했다. 홀름보에가 제자와의 동행을 몸소 실천하지 않았다면 아벨과 같은 수학자는 탄생하지 못했을 것이다. 페스탈로치의 인간에 대한 신념과 실천력이 없었다면 인간 중심 교육 사상은 허공을 떠돌았을지 모른다. 이들은 교사에게 커다란 울림과 자극을 주는 존재다. 그러나 이 글의 목적은 그들의 빛나는 생애를 기리는 데만 있지 않다. 그러한 이상적 스승의 이미지를 통해 교사에게 무조건적인 희생과 헌신을 요구하는 사회적 분위기, 즉 '가스라이팅'을 지적하려는 데 있다.

가스라이팅은 누군가의 신념과 도덕을 무기로 삼아 심리를 조작해 우위를 확보하는 행위이다. "교사라면 당연히 이 정도는 감내해야 하지 않나요?" 사회는 이상적인 교육자의 상을 내세워 교사의 자아를 흔들고, 자기희생을 당연시하게 만든다. 이러한 구조에 노출된 교사는 결국 외부의 강요가 내면화되어 '내가 교육자인데 이 정도도 못 견디면 안 되지'라는 생각은 외부의 강요가 내면화된 결과일 수 있다.

"아이를 사랑하는 게 교사의 본분이잖아요." 교사의 헌신을 전제로 한 이런 말들은 결과적으로 교사를 심리적으로 압박하고 착취한다. 유사한 사례는 종교인의 신념을 악용하는 경우에서도 찾아볼 수 있다. 기독교 신자에게 '원수를 사랑하라면서 왜 분노하느냐'고 말하거나, 불교 신자에게 '왜 자비를 실천하지 않느냐'고 압박하는 것이다. 이는 상대의 정체성을 이용해 죄책감을 심어 결국 그 사람을 지배하는 전형적인 가스라이팅 방식이다.

그러나 교사는 학생을 위해 헌신하는 존재이기 이전에 존중받아야 할 하나의 인격체다. 직업적 소명은 자발적일 때 비로소 가치가 있다. 학부모가 교사에게 무리한 요구를 하며 "당신은 교사잖아요"라고 말하는 것은 존중이 아닌 지배다. 믿기지 않겠지만 담임교사에게 정해진 시간에 약을 먹여 달라며 '약을 먹이기 바람'과 같이 '음슴체'로 문자를 보내는 학부모가 있다. 물약과 가루약을 섞어 복용해야 할 경우 약조차 제대로 제조하지 않은 채 보내기도 한다. 이런 태도에는 '교육자라면서 이 정도도 못 해요?'라는 억지가 깔려 있다.

교사가 제 시간에 맞춰 약을 챙겨 주는 것은 보육의 영역이고, 학생이 자신의 일에 관심을 기울여 스스로 약을 챙겨 먹는 주체적 태도로 변하게 하는 일은 교육의 영역이다. 학교는 돌봄의 기능도 담당하지만, 후자 쪽에 방점을 두고 학생을 지도해야 한다. 이를 분별하지 못하고 내 자녀가 처한 모든 일을 '학교가 담당해야 할 일'이라고 생각하는 학부모에게 단호하게 다음과 같이 답장을 보내고 싶다. '먹으라고 전하겠음.'

극단적 선택에 이른 교사들의 사례를 보면 단지 과도한 업무량 때문이 아니라 존중받지 못한다는 감정이 축적되며 비롯된 경우가 많다. 사람은 자신이 인격적으로 무시당하고 있다는 느낌이 들 때 가장 쉽게 무너진다. 이상을 실현하기에 앞서 교사도 한 명의 존엄한 인간이다. 그 존엄이 보호받을 때 비로소 헌신도 이어질 수 있다. 독일 헌법 제1조 1항 "인간의 존엄은 침해할 수 없다"에서 인간을 수단이 아닌 목적 자체로 대하는 가치를 배울 수 있다. 이러한 문화가 교육 공동체 속에서 꽃피어야 한다. 교사는 존엄을 무시하는 행태에 침묵하지 말고 인식하고, 기록하고, 말해야 한다. 그것이 바로 가스라이팅을 거부하고 존엄을 지키는 첫걸음이다.

착한 교사의 역설 그리고 우리가 마주한 교육 현실

'착한 교사'란 무엇일까. 이 말은 사실 비상식적인 소수에 의해 정의된 개념일 수 있다. 나는 여전히 대다수가 상식적이라고 믿는다. 그러나 상식은 조용하고 몰상식은 시끄럽다. 그 결과 소수의 몰상식한 목소리는 과도하게 주목받고 사회적으로 지나치게 큰 파급력을 갖는다. 그래서 교사를 향한 평가 기준이 '학부모와 그 자녀에게 불이익을 주지 않는 교사'로 왜곡되기도 한다.

이처럼 '착한 교사'의 의미가 왜곡되는 현상은 소수의 목소리가 곧 다수의 뜻으로 오인되는 경향에서 비롯된다. 그래서 나는 침묵하고 있는 다수의 상식적인 학부모에게 미안한 마음을 감출 수 없다. 하지만 동시에 말하고 싶다. 몰상식이 용인되는 순간 상식은 침묵하게 된다. 비정상이 표준이 되면 상식은 오히려 불편한 소수가 된다. 교육이 본래의 길을 되찾으려면 우리는 다시 침묵하는 상식의 사회로 돌아가야 한다. 이런 마음으로 나는 이 글을 쓴다.

그렇다면 '나쁜 교사'는 누구인가. '착한 교사'가 '불이익을 주지 않는 교사'로 정의된다면, '나쁜 교사'는 '나와 내 자녀에게 불이익을 주는 교사'가 된다. 하지만 이 기준은 교육의 본질을 완전히 왜곡한다. 교사가 공정하게 규칙을 적용하고 아이의 인성을 위해 꾸짖으며, 객관적인 평가를 내리고 때로는 지루하지만 꼭 필요한 수업을 진행할 때 아이가 불편함을 느낀다면 그 교사는 곧 '나쁜 교사'가 되어 버린다.

실제로는 '진짜 교사'임에도 그들을 '나쁜 교사'로 바라보는 시선을 따라가다 보면 교육은 점점 왜곡된다. 그 시선에 맞추려면 교사는 공정하고 전문적인 교육자가 아닌 한 가정의 만족을 위해 봉사하는 '맞춤형 서비스 제공자'가 되어야 한다. 실제로 생활통지표에 마음에 들지 않는 문구 하나만 있어도 왜 그런 내용을 썼느냐는 민원 전화가 걸려 온다. 이후 교사는 관찰에 기반하여 내린 전문적인 판단을 수정해야 하고, 점점 방어적인 태도를 배우게 된다. 그 결과 무난하고 튀지 않는 '안전한 교사'가 되어 간다.

진정한 '좋은 교사'는 아이를 사회적 역량을 갖춘 시민으로 성장시키는 사람이지 불이익을 피하게 해 주는 조력자도, 지식 전수자도 아니다. 물론 지식은 중요하다. 그러나 그보다 더 중요한 것은 지식을 형성하는 과정이다. 아이가 지식을 곱씹고, 탐구하고, 타인과 소통하며 사회적 역량을 기르는 과정 속에 진짜 교육이 있다.

고등학교에서 과학 교과서에 실린 실험을 실제로 수행한 경험이 많은가? 실험은 시간이 오래 걸리고, 효율이 낮으며, 안전사고 위험도 따른다. 특히 활동 중심 수업은 교사의 책임이 커질 수밖에 없다. '나쁜 교사'는 고高비용, 고노력, 고위험을 감수하고 효과가 당장 눈에 띄지 않아도 시간을 들여 교육해야 한다.

이러한 교육 방식은 얼핏 가성비가 없는 길처럼 보인다. 그때그때 정답을 알려 주고 빠르게 많은 양을 주입하는 것이 아이가 스스로 찾아보고 탐색하는 수업보다 더 경제적이고 효율적이라고 여겨지는 사회에 살고 있기 때문이다. 이 길을 묵묵히 가는 교사는 '바보'로 비치거나, '나쁜 교사'로 오해받기도 한다.

누가 봐도 효율이 떨어지는 길을 우직하게 걸어가는 것이야말로 '나쁜 교사'의 뚝심이다. 그리고 이 뚝심이 꺾이지 않도록 지켜 주는 사회적 안전망이 지금 우리에게 절실하다. 눈앞의 성과에 매몰되지 않고 인성과 사유의 공동체를 계승하려는 교사가 주저앉는다면 문명은 진보하지 않을 것이기 때문이다.

교사의 권리가 존중되어도 공교육은 어렵다

국가 주도의 근대적 공교육 시스템은 18세기 말에서 19세기 초에 출현했다. 이 시기는 산업혁명으로 인한 기술 발전이 생활양식에 혁명적인 변화를 가져오던 시기이기도 하다. 공교육의 등장은 역사적으로 보아도 비교적 최근의 일이며, 당시 산업사회에 적합한 인재를 길러 내기 위해 고안된 교육 시스템의 흔적은 오늘날에도 여전히 뚜렷이 남아 있다.

예컨대 '3R(읽기Reading, 쓰기wRiting, 셈하기aRithmetic)'이라는 표현은 1825년 영국 의회에서 윌리엄 커티스가 제안한 것으로, 오늘날에도 교육 현장에서 기초학력을 평가할 때 여전히 사용되고 있다. 당시에는 육체노동과 사무직 노동에 종사할 인력을 안정적으로 양성하기 위해 3R을 엄격히 훈련시켰다.[1]

근대에 태동한 공교육은 모든 아동을 교육의 대상으로 포함시키는 포괄적인 전통을 이어 오고 있다. 과거에는 교육을 받지 못한 이들이 배우지 못했다는 이유로 천대받고, 사회적 상승의 기회조차 가로막히는 일이 비일비재했다. 그런 점에서 공교육의 보편화는 평등한 사회로 나아가는 데 있어 분명한 진전이라 할 수 있다.

그러나 동시에 모든 아동에게 동일한 교육을 제공하는 과정에서 본질적인 어려움이 생긴다. 교사라면 누구나 공감하겠지만 개성과 흥미가 제각기 다른 아이들을 하나의 커리큘럼 속에 묶어 교육하는 일은 결코 단순하지 않다. 예를 들어 길동이는 체육을 좋아하지만 국어 시간에는 쉽게 흥미를 잃는다. 철수는 수학을 즐기지만 체육 시간만 되면 집중하지 못한다. 영희는 영어에 별다른 관심이 없지만 사회 과목에는 큰 흥미를 보인다.

이처럼 아이들마다 배우고 싶어 하는 내용이 각기 다른데도 공교육 시스템 속에서는 모두가 동일한 교과목을 의무적으로 학습해야 한다. 교사는 학습 동기가 낮은 학생들에게서도 관심을 이끌어 내고, 학습을 도와야 하는 이중의 과제를 안고 있다. 특히 체육이나 실과처럼 비교적 직접적이고 구체적인 활동과 달리 추상성이 짙은 과목에 흥미를 붙이게 하는 일은 훨씬 더 고난도의 과제가 된다. 이 지점을 극복하는 데서 교사의 전문성과 교육적 감각이 진정한 빛을 발한다.

또한 국가 주도의 교육 시스템이다 보니 국가의 영향력에 따라 교사의 재량은 종종 제한될 수밖에 없다. 예를 들어 군사정권 시기에는 반공 교육과 국가 이념 강화가 교육 전반에 강제되면서 교사들이 자신의 교육 방식이나 가치관을 자유롭게 펼치기 어려웠다. 당시 많은 교사는 '내가 정말 이 교육 지침에 따라 아이들을 가르쳐야 하는가?'라는 고민에 빠졌을지도 모른다.

오늘날에도 정부가 새로운 정책이나 프로그램을 발표할 때 모든 교사가 이를 환영하지는 않는다. 일부 교사들은 '이 정책이 정말 아이들에게 도움이 될까?' 하는 의문을 품기도 하며, 이러한 고민 역시 교육에 어려움을 더하는 요인이다. 교육이 품은 본질적 난제를 극복하려면 교육적 성공의 토대인 교권이 반드시 굳건히 지켜져야 한다. 교사가 교육하는 환경이 안정적으로 변하길 바라는 마음으로 교육학자 라바리의 글을 인용한다.

사람들이 효과적으로 가르치는 방법을 배우는 것을 매우 어렵게 만드는 몇 가지 요소를 고려해 보라. 첫째, 교사는 학생들이 교사와 협력하도록 설득함으로써만 성공할 수 있다: 혹은 다른 식으로 말하면 학생들은 동기 부여가 될 경우에만 배운다. 둘째, 학생들은 자신들의 의지에 반하여 교실에 앉아 있다. 셋째, 가르치는 것은 학생들과의 복잡한 정서적 관계를 포함한다. 넷째, 교사는 동료 교사들과 격리된 상태에서 가르쳐야 한다. 다섯째, 교사는 누가 고객인지 불확실한 가운데 학생, 학부모, 지역 사회의 필요와 요구를 동시에 충족시켜야 한다. 그러나 불행히도 교사나 교사 교육자 모두 그들이 일하는 상황의 어려운 문제에 대한 공로를 인정받지 못한다.[2]

오늘도 교실 문을 연다

인생 그래프를 그려 보면 삶의 분위기를 전환할 만한 큰 사건들을 발견하게 된다. 교직 생활만 놓고 보면 그 시작점은 강원도 고성군 간성읍이었다. 신규 교사 시절을 보낸 그곳이 떠오르면 자연스레 미소가 번진다. 단순한 기쁨이 아닌 동료와 제자와 함께 쌓은 잊을 수 없는 추억이 마음속 온기로 남아 있기 때문이다. 추웠던 강원도의 기온도 기억 속 따스함 앞에서는 한낱 겨울바람에 불과하다. 경기도로 근무지를 옮기던 날 눈물로 작별 인사를 건네던 제자들의 얼굴이 선명하다.

간성에서의 시간 이후로도 새로운 환경에서 한 층씩 추억을 쌓았다. 아이들을 가르치는 일은 늘 도전과 적응의 연속이다. 1년은 훌쩍 지나가고, 연말이면 제자들을 진급시키며 후련함과 아쉬움이 뒤섞인다. 망각 속에 잊힐 법한 기억들은 제자들의 연락이라는 물뿌리개에 촉촉히 적셔져 생명력을 유지한다. 제자의 연락을 받을 때마다 감출 수 없는 기쁨이 솟아오른다. 들뜬 목소리로 전화를 받으면서 아이들에게 선한 영향을 주었다는 보람을 느낀다.

교육敎育이란 말은 맹자의 '득천하영재이교육지得天下英材而敎育之'라는 글에서 유래하였다. 《맹자》의 〈진심 상盡心 上〉 편에 나오는 말로 원문은 다음과 같다.

군자에게는 세 가지 즐거움이 있다. 양친이 다 살아 계시고 형제가 무고한 것이 첫 번째 즐거움이요, 우러러 하늘에 부끄럽지 않고 굽어 보아도 사람들에게 부끄럽지 않은 것이 두 번째 즐거움이요, 천하의 영재를 얻어서 교육하는 것이 세 번째 즐거움이다.³

맹자는 군자가 누리는 세 가지 즐거움 중 하나로 '천하의 영재를 교육하는 일'을 꼽았다. 그는 혼란과 전쟁이 끊이지 않던 전국시대 속에서도 인간 본성의 선함을 굳게 믿었다. 당시 제후국들은 땅을 넓히고 부국강병에만 몰두하며 백성들의 고통을 외면했지만, 맹자는 인仁과 의義를 강조하며 왕도 정치를 주장했다. 현실 정치에서 인정받지는 못했지만, 그는 포기하지 않고 제자 양성과 교육에 온 힘을 쏟았다.

맹자의 즐거움은 자신의 사상을 받아들이고 반짝이는 눈빛으로 스승의 한마디라도 놓치지 않으려는 제자들에게서 나왔을 것이다. 나는 어떤 경험을 통해 맹자가 누렸던 교육의 즐거움을 느꼈던가. 과거를 되짚어 3학년 담임을 맡았을 때가 떠오른다.

교실은 떠드는 아이들로 북적였다. 종소리는 무력했고 아이들은 스스로 수업 준비를 하지 않았다.

특히 소란스럽기로 유명한 남학생 다섯 명이 있었다. 그들은 독수리 오 형제처럼 어울려 다니면서 내 인내심을 한계점까지 몰아갔다. 그러나 나는 바로 주의를 주지 않고 지켜보며 스스로 시간을 지킬 기회를 주었다. 두 달이 지나 무리 중 한 아이가 친구들에게 말했다. "야, 어서 앉아. 선생님은 우리가 스스로 하는 사람이 되길 바란대!"

그 순간 우리 반 학생들이 천하의 영재는 아니라도 교육의 기쁨을 진하게 느낄 수 있었다. 교육이란 '가르칠 교敎'와 '기를 육育'이 합쳐진 말이다. 교는 엄격함과 규율을, 육은 부모의 자애로움을 담고 있다. 이는 교육이 엄격함과 사랑으로 아이를 길러 내는 행위임을 뜻한다.

엄격함은 학교에서 지켜야 할 선과 가치를 명확히 제시하는 데 필요하다. 예를 들어 사제 간에 친구처럼 지낼 수는 있어도 친구가 되어서는 안 된다. 또한 시시각각 변하는 지식과 달리 변하지 않는 보편적 인권과 윤리를 가르치는 일도 필요하다. 하지만 엄격함만으로는 부족하다. 자애가 없다면 교사는 무서운 존재에 불과할 뿐이다. 교사는 지식을 전달하는 사람을 넘어 학생의 성장을 돕고 고충을 들어 주는 상담자이며 인생의 안내자다. 학생과 교사 사이에 진정한 마음의 교감이 없으면 외적 규제로 인한 변화는 쉽게 원상 복구된다.

천하의 영재가 아니어도 좋다. 독수리 오 형제도 괜찮다. 군자란 덕과 학식이 높은 완성된 도덕적 인격자를 뜻하지만, 나는 아직 그 발끝에도 미치지 못한다. 다만 군자가 느낀 세 가지 즐거움 중 '교육하는 즐거움'은 온전히 누리고 있다. 그 기쁨을 누리게 해 주는 제자들에게 감사하다.

공교육은 교사 한 명의 노고로 유지될 수 없다. '모든 아이는 배울 권리가 있다'는 공동체적 약속의 실현이기 때문이다. 교사는 희생이 아닌 존중 속에서 성장한다. 교사에게 무한한 헌신을 요구하는 사회는 결국 아이들에게도 건강한 교육을 제공할 수 없다. 우리는 이제 교사에 대한 '착한 교사 되기'라는 가스라이팅을 멈추고, 진짜 공교육의 조건을 만들어 가야 한다.

우선 국가와 사회는 공교육을 단순히 비용 절감과 효율성만 따지는 체제로 운영하지 않으며 고객 만족 서비스의 관점으로만 보지 말아야 한다. 더불어 학교를 민주적 가치를 지닌 공동체를 일구어 내는 중요한 배움터로 대해야 한다. 더 나아가 교육 공동체 구성원 모두가 조율하고 협력하여 학교를 느린 길을 포기하지 않는 공간으로 인식해야 한다. '나쁜 교사'. 그 불편한 이름을 감내하며 아이의 성장을 위해 힘쓰는 이들이 있다. 바로 그들이 공교육을, 우리 모두의 내일을 지키고 있다.

| 주석 |

I. 착한 교사 양육하는 사회

1. 착한 선생님의 죽음과 무임승차

1　KBS뉴스, 〈서이초 교사 사망 사건 종결… "학부모 폭언 등 혐의점 발견 안 돼"〉, 2023년 11월 14일.
2　앞의 뉴스.
3　'공교육 멈춤의 날', 나무위키(마지막 수정일 2025-04-16 19:24:13)
4　법정, 〈간소하게, 더 간소하게〉, 〈다시 월든 호숫가에서〉, 《아름다운 마무리》, 문학의 숲, 2008.
5　박종훈·정혜민, 《교권, 법에서 답을 찾다》, 푸른칠판, 2023, 51쪽.
6　앞의 책, 25쪽.
7　투데이신문, 〈교권회복 4법 통과에도… '근무여건 개선됐다'는 교사 단 4.1%〉, 2024년 5월 10일.

2. 왕의 DNA를 가진 아이

1　한국경제, 〈[단독] 5급 사무관의 갑질… 교사 아동학대로 신고해 '직위해제' 시켰다〉, 2023년 8월 10일. (초등교사노조의 허락을 받고 신문 기사에 게재된 사진을 사용함.)
2　박종훈·정혜민, 《교권, 법에서 답을 찾다》, 푸른칠판, 2023, 17~18쪽.
3　연합뉴스, 〈"수업 중 어려운 수학 문제 풀지 마세요, 우리 아이 열등감 느껴요"〉, 2024년 9월 6일.
4　딥페이크deepfake는 딥 러닝deep learning과 가짜fake의 혼성어로 인공지능을 기반으로 한 인간 이미지 합성 기술이다.
5　초·중등학교 교육과정 총론(교육부 고시 제2022-33호) 중(中) '추구하

는 인간상과 핵심역량'에서 발췌.
6   울산매일, 〈[사설] 교사들을 위한 '교권보호위원회' 절실하다〉, 2024년 10월 10일.
7   연합뉴스, 〈전교조 강원, 시군교육청에 교권보호위원회 교사 참여 확대 촉구〉, 2025년 4월 1일.

3. **학력+학벌주의와 교권 붕괴**
   1   경기일보, 〈"나 카이스트 나온 여자야" …학부모 '갑질'에 멍든 유치원 교사 [교사들의 이유 있는 분노 ②]〉, 2023년 8월 1일.
   2   교육통계서비스(KESS), 통계간행물 '교육통계지표(1999~2023)' 46쪽.
   3   이혁규, 《한국의 교사와 교사 되기》, 교육공동체벗, 2023, 76쪽.
   4   앞의 책, 77쪽.
   5   앞의 책, 182쪽.
   6   이병승·우영효·배제현, 《쉽게 풀어 쓴 교육학》, 학지사, 2016, 359~361쪽.
   7   3의 책, 10~11쪽.

4. **갑질 사회의 공교육 서비스**
   1   Online Etymology Dictionary 'Service'
   2   나무위키 '2022학년도 수능 생명과학 Ⅱ 출제 오류 사태', 2025년 4월 27일.

5. **나는 착한 교사가 되길 포기한다**
   1   이병승·우영효·배제현, 《쉽게 풀어 쓴 교육학》, 학지사, 2019.

Ⅱ. 나쁜 교사의 고민

6. **착한 교사로 길들이는 교원평가**
   1   경향신문, 〈교사 '성희롱' 문제된 '교원평가'… 교육부 "서술형 문항 폐지하겠다"〉, 2024년 2월 15일.
   2   서울신문, 〈교원평가 성희롱' 공론화한 교사, 교직 떠나기로 결심한 이유〉, 2023년 5월 17일.
   3   교육부 보도자료, '교원의 자기 주도적 성장을 지원하는 「교원역량개발

지원 제도」 도입', 2024년 10월 2일.
4 앞의 자료.

7. **구성주의 교육과 주간학습안내**
   1 심우엽, 《교육심리학》, 교육과학사, 2011, 353쪽
   2 네이버 지식백과 HRD 용어사전 '스캐폴딩'.

8. **리바이어턴과 교육자**
   1 최진기, 《인문의 바다에 빠져라》, 스마트북스, 2013, 279쪽.

9. **지식이냐 경험이냐**
   1 KBS뉴스, 〈체험학습 중 학생 사망, 담임교사 '유죄'〉, 2025년 2월 12일.
   2 EBS뉴스, 〈체험학습 취소 도미노 … '교사처벌'이 불러올 교육 공백, [멈춰 선 체험학습 1편]〉, 2025년 5월 5일.
   3 앞의 뉴스.
   4 교육플러스, 〈현장체험학습 중단되나 … 법원 '주의 소홀' 유죄 판결에 교사들 '완벽한 통제 불가능'〉, 2025년 2월 13일.
   5 충청투데이, 〈속초 체험학습 사망 사고, 어떻게 생각하십니까〉, 2025년 2월 26일.
   6 이병승·우영효·배제현, 《쉽게 풀어 쓴 교육학》, 학지사, 2016. 조우태·안수혜·황성규, 《교육학 끝판왕》, 꿈구두, 2022.
   7 국제신문, 〈[와이라노]"사고 나면 교사 책임"… 현장체험학습 폐지·축소하는 학교들〉, 2025년 4월 28일.

10. **인공지능 시대의 교사**
    1 학생 참여형 수업이 선이고, 지식 전달형 수업이 악이라는 뜻이 아니라 학습을 바라보는 관점의 차이가 반영된 변화상을 나타냄.
    2 한국민족문화대백과사전 '교련'.
    3 머니투데이, 〈"소·돼지 방귀에 세금"… 세계 최초 농업탄소세 부과하는 이 나라〉, 2024년 6월 26일.
    4 유튜브, '분필로 지구위기 막는 법 | 크랩'.
    5 SBS뉴스, 〈[친절한 경제] AI, 10년 안에 모든 일자리 80% 대체 가능〉, 2023년 10월 25일.
    6 알렉스 비어드, 《앞서가는 아이들은 어떻게 배우는가》, 아날로그, 2020, 67~69쪽.

7 tvN 강연 프로그램 〈미래수업〉(2020년 9월 22일 방영)에서 노규식 정신건강의학과 전문의가 진행한 강연 내용을 인용·재구성하여 작성함.
8 Program for International Student Assessment(국제학생평가프로그램)의 약자로, OECD의 과제 중 하나. 15세의 학생들의 읽기, 수학, 과학 세 분야에 대해 평가하며, 각국의 교육 정책 수립에 필요한 기초 데이터가 됨.

Ⅲ. 나쁜 교사의 교육법

11. 각자의 재능 영역 키워 주기
1 이병승·우영효·배제현, 《쉽게 풀어 쓴 교육학》, 학지사, 2016.
2 조우태·안수혜·황성규, 《교육학 끝판왕》, 꿈구두, 2021.
3 이다지, 《이다지 한국사 1》, 브레인스토어, 2015, 170쪽.

12. 딜레마 토론과 실천적 도덕 교육
1 이병승·우영효·배제현, 《쉽게 풀어 쓴 교육학》, 학지사, 2016, 165쪽.
2 앞의 책. 나무위키 '하인츠 딜레마'. 네이버 지식백과 '하인츠 딜레마'.

13. 세상에 똥판지같은 질문은 없다
1 김보연·고요나·신명, 《하브루타 수업 디자인》, 맘에드림, 2018, 25쪽.
2 최진기, 《인문의 바다에 빠져라》, 스마트북스, 2012. 네이버 어린이백과 EBS 어린이 지식e '생각 없이 죽음을 방관한 〈그가 유죄인 이유〉'. 네이버 두산백과 '한나 아렌트'. 네이버캐스트 인물세계사 '한나 아렌트'. 네이버 캐스트 인물세계사 '한나 아렌트'를 참고해 작성했다.
3 김병걸, 《문예사조, 그리고 세계의 작가들 1》, 두레, 1999, 113쪽.

14. 즐거우면 몰입한다
1 미하이 칙센트미하이, 《몰입》, 한울림, 2004.
2 홍지해·김나영·김문주·정윤서, 〈우리에게 몰입이 필요한 이유〉, 《북킷리스트》, 한빛비즈, 2020.
3 사마천, 《한 권으로 보는 사기》, 서해문집, 2005.
4 다른 사람과 자신을 분리하려는 경향.
5 다른 사람들이나 다른 아이디어와 합하려는 경향.

6　네이버 지식백과(두산백과 두피디아) '집단 지성'.
   7　2의 책, 282쪽.
   　　주석 289

15. 인공지능으로 인간지능을 키운다
   1　알파벳 산하의 영국 인공지능 연구 기업.
   2　알고리즘(인공 신경)이 모여서 층을 이루고, 층들이 겹겹이 쌓여 이룬 하나의 복잡한 그물망. 이를 통해 인공지능은 스스로 학습이 가능함.
   3　네이버 지식백과 시사상식사전 '알파고'.
   4　공민수·신창훈, 《세상에서 가장 쉬운 AI 앱 수업》, 리틀에이, 2021, 27~28쪽.
   5　초등교사 커뮤니티 인디스쿨의 닉네임 '인공지능미니쌤'의 자료를 바탕으로 수업을 진행함.
   6　경기신문, 〈[정윤희의 미술 이야기] 칸딘스키의 추상회화와 현대음악〉, 2019년 5월 13일.

IV. 나쁜 교사의 스승

16. 가능성을 확장하는 교육자의 심안
   1　김화영, 〈5차 방정식의 비밀을 푼 아벨〉, 《교과서를 만든 수학자들》, 글담출판, 2013. 네이버지식백과 과학인물백과(저자 송성수) '닐스 헨리크 아벨'. 위키피디아 'Bernt Michael Holmboe'.
   2　이병승·우영효·배제현, 《쉽게 풀어 쓴 교육학》, 학지사, 2016, 362~364쪽.

17. 가장 약한 이를 품은 사랑의 전인교육
   1　박의수·강승규·정영수·강선보, 《교육의 역사와 철학》, 동문사, 2022. 신혜은, 《THINK 페스탈로치》, 씽크하우스, 2008.
   2　네이버 지식백과 두산백과 두피디아, 영화 '울지마 톤즈1'(2010). 나무위키 '이태석. 위키백과 '이태석'. 블로그, '최이사벨 종이접기'. 이태석, 《친구가 되어 주실래요?》, 생활성서, 2013.
   3　1의 책.

18. 사회를 스스로 바라보도록 하는 교육

1　김동일·어윤경·최윤정,《십대를 위한 롤모델 교육자》, 꿈결, 2018.
2　이(理)와 기(氣)라는 핵심 개념을 통해서 우주 만물의 근본 원리와 구조, 인간의 심성과 구조, 그로 인한 인간의 자세 등을 설명하는 학문.
3　박균섭,〈은병정사 연구: 학문과 학풍〉, 2009.
4　양은미,《파울루 프레이리, 삶을 바꿔야 진짜 교육이야》, 2022. 한국교육신문,〈프레이리(Paulo Freire)의 교육사상과 실천 ①〉, 2021년 1월 6일.
5　한국교육신문,〈프레이리(Paulo Freire)의 교육사상과 실천 ②〉, 2021년 2월 5일

19. 장애인과 세상을 이어 준 교육자

1　추연구·이정남,《특수교육의 이해》, 양서원, 2013, 224쪽.
2　네이버 지식백과 인물세계사 '마리아 몬테소리'.
　박의수·강승규·정영수·강선보,《교육의 역사와 철학》, 동문사, 2022, 289쪽.
　김동일·어윤경·최윤정,《십대를 위한 롤모델 교육자》, 꿈결, 2018, 120~143쪽.
　연재준,《교육가 마리아 몬테소리》, 북스, 2011.
3　연재준,《교육가 마리아 몬테소리》, 북스, 2011, 183~184쪽.
4　이미경,《점자로 세상을 열다》, 우리교육, 2006. 한국민족문화대백과사전, '박두성'.〈한박웃음〉2020년 11월호(제87호).

20. 나쁜 교사가 공교육을 지킨다

1　알렉스 비어드,《앞서가는 아이들은 어떻게 배우는가》, 아날로그, 2020, 28쪽.
2　이혁규,《한국의 교사와 교사 되기》, 교육공동체벗, 2021, 150쪽.
3　네이버 지식백과 '군자삼락'